本书列入
2017年国家社会科学基金重大委托项目
"十三五"国家重点图书出版规划项目

中华传统文化百部经典

老子

王中江 解读

国家图书馆出版社

图书在版编目（CIP）数据

老子 / 王中江解读. -- 北京：国家图书馆出版社，2017.9（2025.5重印）
（中华传统文化百部经典 / 袁行霈主编）
ISBN 978-7-5013-6227-1

Ⅰ. ①老… Ⅱ. ①王… Ⅲ. ①道家②《道德经》-注释 Ⅳ. ①B223.1

中国版本图书馆CIP数据核字（2017）第218571号

国家图书馆出版社官方微信

书　名	老　子
著　者	王中江 解读
责任编辑	于春媚
特约编辑	吴麒麟
封面设计	敬人设计工作室
出版发行	国家图书馆出版社（北京市西城区文津街7号　100034） 010-66114536　63802249　nlcpress@nlc.cn（邮购）
网　址	http://www.nlcpress.com
印　装	北京科信印刷有限公司
版次印次	2017年9月第1版　2025年5月第4次印刷
开　本	710×1000　1/16
印　张	19.5
字　数	210千字
书　号	ISBN 978-7-5013-6227-1
定　价	49.00元（精装）

版权所有　侵权必究

本书如有印装质量问题，请与读者服务部（010-66126156）联系调换。

中华传统文化百部经典

顾 问

饶宗颐	冯其庸	叶嘉莹	章开沅	张岂之
刘家和	乌丙安	程毅中	陈先达	汝 信
李学勤	钱 逊	王 蒙	楼宇烈	陈鼓应
董光璧	王 宁	李致忠	杜维明	

编委会

主任委员

袁行霈

副主任委员

韩永进

编 委

瞿林东	许逸民	陈祖武	郭齐勇	田 青
陈 来	洪修平	王能宪	万俊人	廖可斌
张志清	梁 涛	李四龙		

本册审订

楼宇烈　　白奚　　李四龙

中华传统文化百部经典
编纂办公室

张　洁　　牛淑娟　　马　超　　袁　媛

编纂缘起

文化是民族的血脉，是人民的精神家园。党的十八大以来，围绕传承发展中华优秀传统文化，习近平总书记发表了一系列重要讲话，深刻揭示出中华优秀传统文化的地位和作用，梳理概括了中华优秀传统文化的历史源流、思想精神和鲜明特质，集中阐明了我们党对待传统文化的立场态度，这是中华民族继往开来、实现伟大复兴的重要文化方略。2017年初，中共中央办公厅、国务院办公厅印发《关于实施中华优秀传统文化传承发展工程的意见》，从国家战略层面对中华优秀传统文化传承发展工作作出部署。

我国古代留下浩如烟海的典籍，其中的精华是培育民族精神和时代精神的文化基础。激活经典，熔古铸今，是增强文化自觉和文化自信的重要途径。多年来，学术界潜心研究，钩沉发覆、辨伪存真、提炼精华，做了许多有益工作。编纂《中华传统文化百部经典》，就是在汲取已有成果基础上，力求编出一套兼具思想性、学术性和大众性的读本，使之成为广泛认同、传之久远的范本。《百部经典》所选图书上起先秦，下至辛亥革命，包括哲学、文学、历史、艺术、科技等领域的重要典籍。萃取其精华，加以解读，旨在搭建传统典籍与大众之间的桥梁，激活中华优秀传统文化的价值，用优秀传统文化滋养当代中国人的精神世界，提振当代中国人的文化自信。

这套书采取导读、原典、注释、点评相结合的编纂体例，寻求优秀传统文化与社会主义核心价值观之间的深度契合点。以当代眼光审视和解读古代典籍，启发读者从中汲取古人的智慧和历史的经验，借以育人、资政，更好地为今人所取、为今人所用。力求深入浅出、明白晓畅地介绍古代经典，让优秀传统文化贴近现实生活，融入课堂教育，走进人们心中，最大限度地发挥以文化人的作用。

《百部经典》是一项重大文化工程。在中宣部等部门的指导和大力支持下，国家图书馆做了大量组织工作，得到学术界的积极响应和参与。由专家组成的编纂委员会，职责是作出总体规划，选定书目，制订体例，掌握进度；并延请德高望重的大家耆宿担当顾问，聘请对各书有深入研究的学者承担注释和解读，邀请相关领域的知名专家负责审订。先后约有500多位专家参与工作。在此，向他们表示由衷的谢意。

书中疏漏不当之处，诚请读者批评指正。

2017 年 9 月 21 日

凡 例

一、《中华传统文化百部经典》的选书范围，上起先秦，下迄辛亥革命。选择在哲学、文学、历史、艺术、科技等各个领域具有重大思想价值、社会价值、历史价值和学术价值的一百部经典著作。

二、对于入选典籍，视具体情况确定节选或全录，并慎重选择底本。

三、对每部典籍，均设"导读""注释""点评"三个栏目加以诠释。导读居一书之首，主要介绍作者生平、成书过程、主要内容、历史地位、时代价值等，行文力求准确平实。注释部分解释字词、注明难字读音，串讲句子大意，务求简明扼要。点评包括篇末评和旁批两种形式。篇末评撮述原典要旨，标以"点评"，旁批萃取思想精华，印于书页一侧，力求要言不烦，雅俗共赏。

四、原文中的古今字、假借字一般不做改动，唯对异体字根据现行标准做适当转换。

五、每书附入相关善本书影，以期展现典籍的历史形态。

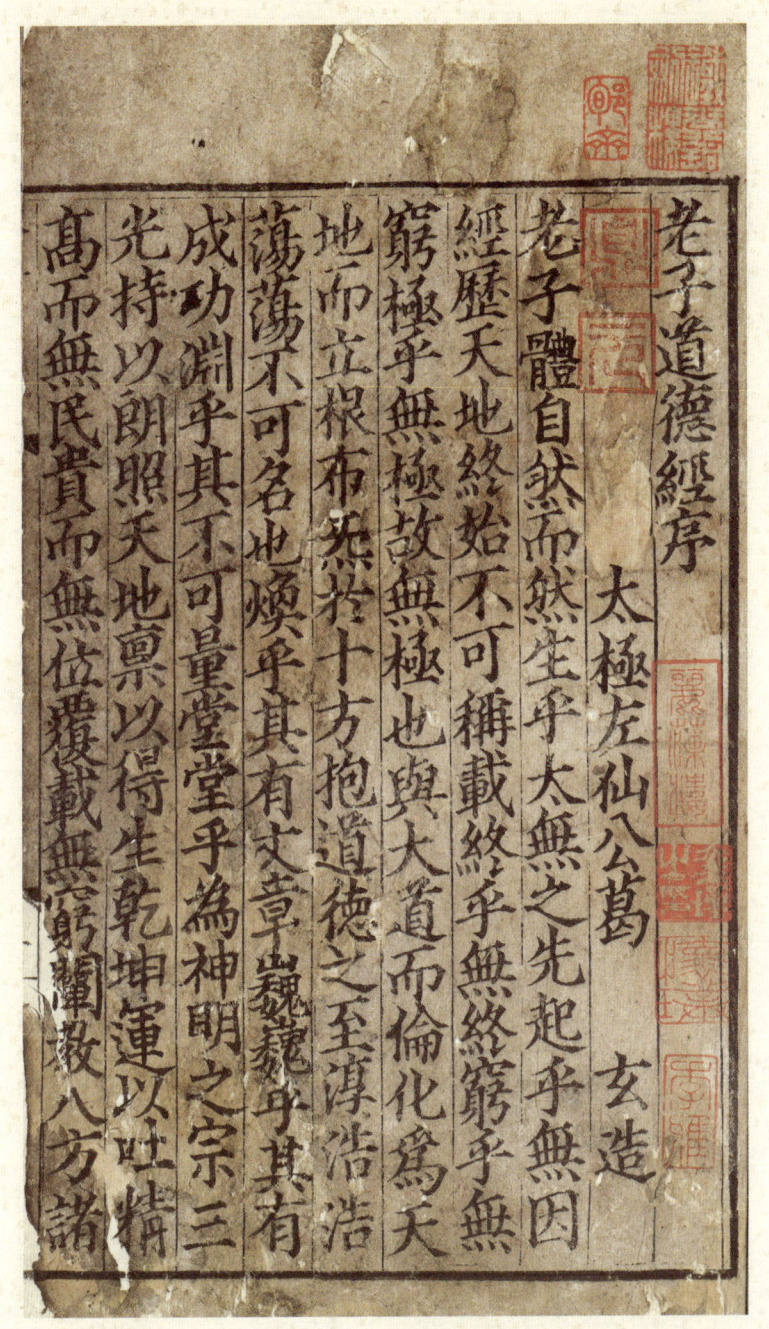

老子道德经章句二卷 （汉）河上公撰 宋虞氏家塾刻本 国家图书馆藏

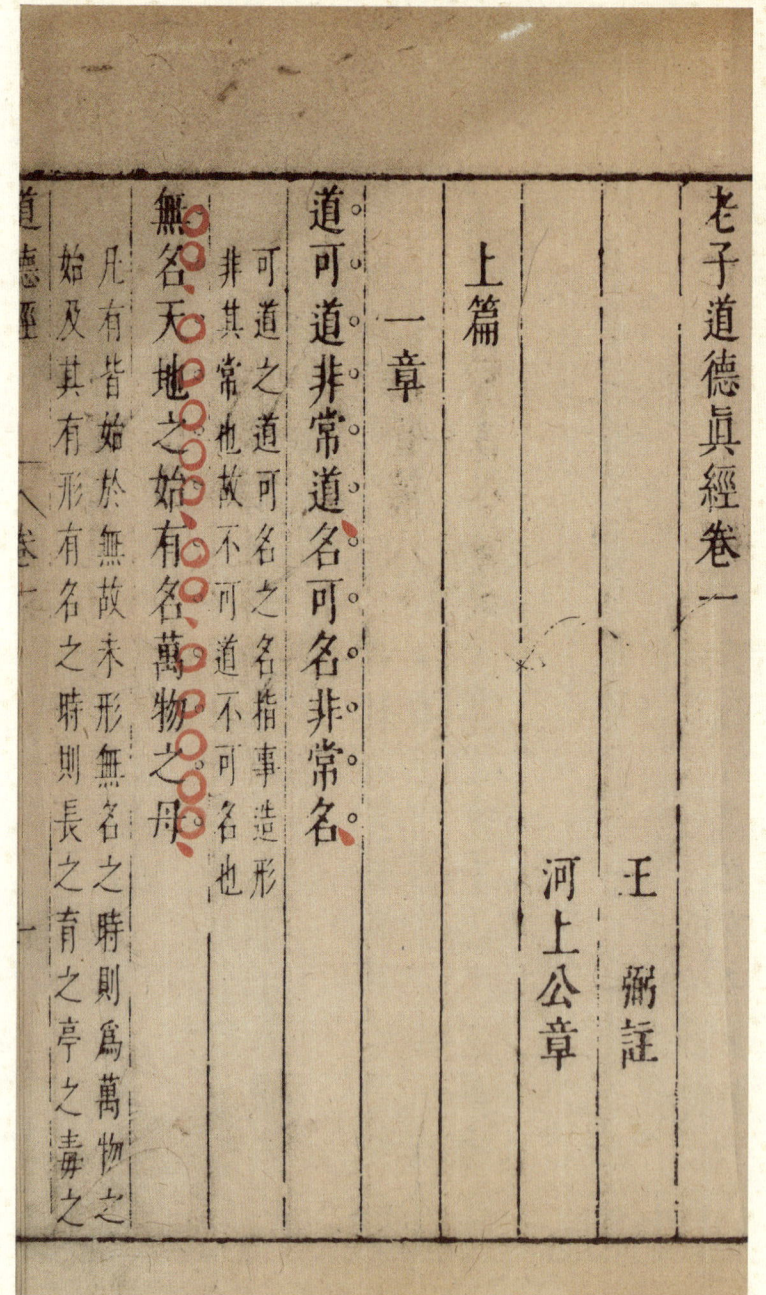

老子道德经二卷　（三国魏）王弼撰　（明）陆树声等评
明溪香馆刻本　国家图书馆藏

目 录

导 读

一、传奇的生平 .... (2)
二、争讼的著述 .... (6)
三、万物的根源和统一:"道生之""德畜之" .... (11)
四、"转化"的奥妙:"有无相生" .... (17)
五、"简省"和"清静"的统治:"自然"与"无为" .... (22)
六、"修身养性":"善摄生"和"不失其所" .... (28)
七、影响和活用 .... (37)
八、底本、校本及注释体例 .... (39)

老 子

第一章 .... (43)
第二章 .... (48)
第三章 .... (52)
第四章 .... (54)

第五章	（ 56 ）
第六章	（ 59 ）
第七章	（ 61 ）
第八章	（ 63 ）
第九章	（ 67 ）
第十章	（ 69 ）
第十一章	（ 73 ）
第十二章	（ 76 ）
第十三章	（ 79 ）
第十四章	（ 83 ）
第十五章	（ 87 ）
第十六章	（ 91 ）
第十七章	（ 94 ）
第十八章	（ 97 ）
第十九章	（ 99 ）
第二十章	（ 101 ）
第二十一章	（ 105 ）
第二十二章	（ 108 ）
第二十三章	（ 111 ）
第二十四章	（ 114 ）
第二十五章	（ 116 ）
第二十六章	（ 120 ）
第二十七章	（ 122 ）
第二十八章	（ 125 ）
第二十九章	（ 128 ）
第三十章	（ 131 ）

第三十一章 ……………………………………………………………（134）

第三十二章 ……………………………………………………………（138）

第三十三章 ……………………………………………………………（142）

第三十四章 ……………………………………………………………（146）

第三十五章 ……………………………………………………………（149）

第三十六章 ……………………………………………………………（152）

第三十七章 ……………………………………………………………（156）

第三十八章 ……………………………………………………………（159）

第三十九章 ……………………………………………………………（166）

第四十章 ………………………………………………………………（171）

第四十一章 ……………………………………………………………（173）

第四十二章 ……………………………………………………………（177）

第四十三章 ……………………………………………………………（180）

第四十四章 ……………………………………………………………（182）

第四十五章 ……………………………………………………………（184）

第四十六章 ……………………………………………………………（186）

第四十七章 ……………………………………………………………（188）

第四十八章 ……………………………………………………………（191）

第四十九章 ……………………………………………………………（194）

第五十章 ………………………………………………………………（197）

第五十一章 ……………………………………………………………（201）

第五十二章 ……………………………………………………………（204）

第五十三章 ……………………………………………………………（206）

第五十四章 ……………………………………………………………（209）

第五十五章 ……………………………………………………………（212）

第五十六章 ……………………………………………………………（216）

第五十七章 …………………………………………（219）
第五十八章 …………………………………………（222）
第五十九章 …………………………………………（225）
第六十章 ……………………………………………（227）
第六十一章 …………………………………………（229）
第六十二章 …………………………………………（232）
第六十三章 …………………………………………（236）
第六十四章 …………………………………………（239）
第六十五章 …………………………………………（243）
第六十六章 …………………………………………（246）
第六十七章 …………………………………………（248）
第六十八章 …………………………………………（252）
第六十九章 …………………………………………（254）
第七十章 ……………………………………………（257）
第七十一章 …………………………………………（259）
第七十二章 …………………………………………（261）
第七十三章 …………………………………………（264）
第七十四章 …………………………………………（266）
第七十五章 …………………………………………（269）
第七十六章 …………………………………………（272）
第七十七章 …………………………………………（274）
第七十八章 …………………………………………（276）
第七十九章 …………………………………………（279）
第八十章 ……………………………………………（281）
第八十一章 …………………………………………（284）

附 录

一、《史记·老子列传》..（287）

二、《老子铭》..（288）

主要参考文献 ....（291）

导 读

即使按照严格的哲学标准，老子也合乎哲学家这一身份。对哲学很挑剔的黑格尔（Hegel），也承认老子拥有玄妙的哲学。中国的哲人和古希腊的哲学，以"明哲""为道"和"爱智慧"见称。老子的高级智慧令人倾倒，年轻的孔子在访问他之后，称赞这位长者犹如一条变化莫测的龙（"其犹龙也"）。道家的追随者尊称他为渊博的纯朴者（"博大真人"）。

老子德高望重，博学多闻，在世时就受人敬仰，赢得了"仁者"的声誉。在送别孔子时，他语重心长地对这位好学的青年说："吾闻富贵者送人以财，仁者送人以言。吾虽不能富贵，而窃仁者之号，请送子以言乎！"（《孔子家语·观周》）《史记·孔子世家》中也有这一记载。世人常常看重财物，但良言甚至比金玉还珍贵。谚语不是说"一言之助，胜千金之益"吗？

人们敬仰老子，因为他为人类留下了珍贵的格言、妙语、警句和遗训。由五千余言构成的《道德经》，言简而意味深长，质朴而充满哲理，直言而道破天机，奇谈而顺理成章。对于成为哲学家的大多数人来说，五千言实在是太少了。然而，老子就是以有限的五千言，成了哲学高级智慧的长老，成了道家的创始人和道教的教主。

一、传奇的生平

老子的生平带有传奇性，大胆的怀疑论者甚至认为他只是一个传说，而非实有其人；爱幻想的道教徒则将他想象为超凡的神人。第一位为老子作传的是司马迁，他是一位伟大的历史学家和思想家。他为老子留下了最早的传记，也留下了几个疑团。东汉桓帝时，担任陈国行政长官的边韶，是为老子作传的第二位人物，撰写有《老子铭》。他对老子生平的记载，和司马迁有所不同。

司马迁记载老子生平留下的一个疑点是，太史儋是不是老子？当时社会上对这种传闻不置可否。清代一位学者汪中在《老子考异》中断言，太史儋就是老子。后来钱穆写的《老子辨》，将这一断言称为"千古卓识"。至今仍有学者在此问题上大做文章。坦率而言，这是"语不惊人死不休"。

仔细阅读司马迁的记载可知，他只是记下了那时的传闻，实际上他不接受这一传闻。司马迁心中的老子，与孔子同时而稍早，他"著书上下篇，言道德之意五千余言"。这位老子绝不是公元前384年至前362年之间访问过秦献公的太史儋。《史记》中引用《老子》中的话，也用"老子曰"。更重要的是，战国子书已大量引用老子之言，主要称"老子曰"，还有的称"老聃曰"。其中引用的老子或老聃的话，百分之九十多都在传世的《老子》书中，却从未以"太史儋"之名义引用过；对老子的记载，也常用这两种称谓，从未将他混淆为"太史儋"。对如此多的事实和记载，竟一笔勾销，视司马迁留下的一个小小传闻为至宝，信以为真。不疑可疑，而疑不可疑。

司马迁留下的另一个疑点是，当时社会上还有将老莱子同老子混为一谈的现象。同样，对司马迁来说，老莱子只是道家的另一位人物。传说老莱子也与孔子同时，《七略别录》称他是古代一位高寿之人，著书十五篇。《汉书·艺文志》说是"十六篇"，但已佚失（马国翰《玉函山房辑佚书》辑有一卷）。《史记·仲尼弟子列传》明确记载，孔子曾师从周的老子与楚的老莱子（"于周则老子""于楚，老莱子"），他们是两个人，不是一个人。刘向的《列仙传》记载了一个不同于老子的老莱子形象："老莱子，楚人。当时世乱，逃世耕于蒙山之阳，莞葭为墙，蓬蒿为室，杖木为床，蓍艾为席，菹芰为食，垦山播种五谷。楚王至门迎之，遂去，至于江南而止。曰：'鸟兽之解毛可绩而衣，其遗粒足食也。'"《大戴礼记》称赞老莱子的品格说："德恭而行信，终日言不在尤之内，在尤之外，贫而乐也，盖老莱子之行也。"先秦典籍中引《老子》的话，未有称"老莱子曰"的。《汉书·艺文志》将《老莱子》列入道家类中，说明他的思想具有道家倾向。他同老子的思想有关联，这很自然。但这不能成为他同老子是一个人的理由。老子与老莱子实为两人，不能混淆。

老子大约出生于公元前571年，出生地是楚国苦县厉（lài）乡曲仁里。苦县原来属于陈国。楚国征服陈国之后，苦县归属于楚国，位于现在的河南鹿邑县东部。厉乡，即赖乡。曲仁里，是乡下一个叫曲仁的基层单位。东汉时，这里有老子祠。唐时又在此建太上老君庙，后扩建并改名"太清宫"，故这里后又称太清宫镇。1997年，在太清宫遗址上发现了西周时期的一个大墓——长口子墓[①]。

老子原姓老，不姓李。老不是指他的长寿。姓李，或说是《史记》后被改，或说老与李音同，是一声之转。春秋两百多年间，有老姓，但没有李姓[②]。传说他生而手指李树，因以为姓；或说他是李氏女所生，因袭了母亲的姓。这两种传说均属附会，不足为凭。老子名"耳"，说是因为他长了一双大耳（"耳曼"）。他的字是"聃"。"聃"的意思也是指下垂的大耳。历史上，习惯称这位智者为老子或老聃，一直沿袭至今。

老子大概度过了较长的一生，但他的经历人们所知甚少。老子熟悉历史文献，他曾担任过周朝皇家图书馆的官员。正是在这一时期，主张学无常师的孔子在南宫敬叔等弟子的陪同下，前往周都洛阳访问了老子。老子年长于孔子，博学多闻，大概早已是孔子心仪和敬仰的老师。《孔子家语·观周》记载，孔子决定访问老子时对南宫敬叔说："吾闻老聃博古知今，通礼乐之原，明道德之归，则吾师也。今将往矣。"作为中国历史上最具影响力的儒、道两大学派的创始人，老子和孔子的历史性会晤，为人们留下了许多想象的空间，这也是孔老或儒道两家曾经友好的见证。

周王朝日趋衰落，无法挽回。目睹这一现实，老子失望了。他辞去了皇家图书馆的职务，可能也厌倦了都市里的生活，打算找一个清静的地方隐居下来。史书记载他往西远行，行至沟通东西的重要关卡——函谷关时，担任关守的官员（关令）尹喜，把他挽留了下来。传说尹喜凭借他特有的直觉，事先已预测到一位"真人"要西游，并根据一些迹象发现了老子。尹喜劝说博学的老子在隐居之前，为世人留下一部著作。老子接受了他的善意，写下了五千余言的《道德经》。若这一记载是真实的，尹喜就扮演了策划人的角色，是他促成了一笔永恒的人类文化遗产。

尹喜很可能为老子的写作提供了便利，使老子能够静下心来，将他一生对宇宙、人生、社会的沉思、理解和体验，提炼、浓缩为不朽的高级智慧。与老子的相见和交往，也激起了尹喜思考和撰述的冲动，《汉书·艺文志》著录说他著有《关尹子》九篇。他的思想倾向被概括为"贵清"，同老子的"贵柔"、列子的"贵虚"和杨朱的"贵己"一起构成了早期道家的主要学说。《庄子·天下》叙述道家人物谱系，将尹喜（关尹子）同老子并列，一起称为"博大真人"。可惜尹喜的著作后来佚失了（传世的《文始真经》疑依托之作），郭店竹简《太一生水》篇，有可能是关尹喜或关尹学派的遗著。

老子完成他的著述后，依然坚持西行，找地方隐居。尹喜也辞去了他边关的职务，跟随老子西去。《汉书·艺文志》记载说："老子过关，喜去吏而从之。"传说老子骑着青牛，悠然地过了函谷关。老子过关后，究竟隐居在秦国何处，已无从得知。他后来也许确实像司马迁所称的那样，成了"隐遁的君子"（"隐君子"）。

老子西行的传说，还被杜撰成一个更大的故事，说他一直往西行走，途经西域，走过漫长的路程，最后到达了遥远的天竺，成为化外人的精神导师。老子可能在秦地度过了隐居生活，也可能是在陈地。《庄子·养生主》记载，老子去世后，一位名叫秦失的人前往吊唁。他简短地哭了三声就出来了。老子的弟子说他不近人情，质问他为什么这样不敬。老子大约逝世于公元前 480 年。从公元前 571 年出生，到公元前 480 年逝世，这算是长寿了。说他活到 160 多岁，甚至是 200 多岁，都是神话。

《说苑·敬慎》记载，老子曾经师从过常枞（亦作"枞"），但常枞一直没有向老子传授智慧。当他年老一病不起时，老子鼓足勇气请求他留下重要的教诲。常枞张开他的嘴，伸出自己的舌头，说他的舌头因为柔弱还完好地保留着，而他的牙齿由于坚硬，早就完全脱落了。他能够教导老子的，如此而已。按照这一记载，老子强调"贵柔"，也曾受到了他的老师常枞的启发。老子的弟子中，著名的有杨朱、亢仓子、文子、环渊等。跟随老子过关的尹喜，应该也是老子的高足。司马迁清楚地记载了老子后代的传承。他的儿子名宗，曾担任过魏国的将领。下传到汉的李假，曾仕于汉文帝；李假之子李解，担任过胶西王卬的高级官吏（"太傅"）。老子学说的传承、扩展，远远超过了老子血统的传承。只要是领悟和实践他的超凡智慧，都可以说是老子精神的继承人。

二、争讼的著述

老子著述的《老子》(亦称《道德经》),同样引起许多争论。郭店竹简本《道德经》的发现,没有使问题简化,好像变得更复杂了。有关《老子》一书的疑点和争论,主要是宋代以后特别是在近人中出现的。主要的争论,一是《老子》的作者是不是老子,二是此书的成书究竟是在什么时期,三是此书的原本究竟有多少。

《汉书·艺文志》未直接著录《老子》,而是著录了《老子邻氏经传》(四篇)、《老子傅氏经说》(三十七篇)、《老子徐氏经说》(六篇)和刘向《说老子》(四篇)。不幸的是,这四种《老子》的注释性著作,都佚失了。在宋代之前,《老子》的注释家们,一般不怀疑《老子》一书是老子所作。传统和通常的立场,都以《老子》为差不多与孔子同时的老子所作。

宋代开始,《老子》一书受到怀疑。如陈师道、叶适、黄震等认为《老子》一书非老子所著。清末以来,怀疑加重了。一些研究者为《老子》找到了替代的作者。如崔述认为《老子》是杨朱之徒的伪托。钱穆主张它的作者是詹何,或者认为它是从《庄子》一书中摘编出来的。郭沫若认为,它是关尹也就是环渊的记录,记录的是老子的话。《汉书·艺文志》未直接著录《老子》,不是因为老子没有作《老子》一书,而是以著录的《老子邻氏经传》代之。因为下面记载说,老子"姓李,名耳,邻氏传其学"。还有学者把孔子问礼的老子与著书的老子一分为二,认为著书的老子是太史儋,而不是孔子请教的老子。照此,《老子》虽是老子所作,但却是他们所臆想的战国太史儋这个老子。

如同前述,先秦典籍中有很多例子以"老子曰""老聃曰"的称谓引用老子的话。仅凭司马迁提到的一个孤立传闻,就把太史儋塑造成另一个老子,还把《老子》一书归属于他,殊不可取。战国时期的太史儋,除了同老子一样，也是一位史官以外，他同《老子》的创作毫无关系。竹简本《老子》由于只有一千六百多字，又有人提出一个想象，说竹简本《老子》是老子所作，而五千言传世本《老子》则是太史儋所作。但这一说法实难成立。因为在竹简本之外，还有不见于竹简本《老子》中的话已被引用，这说明老子的思想已经产生了影响。刘向《说苑·敬慎》记载，韩平子（韩宣子之子韩须，须误为顷，称韩顷）曾咨询叔向，问"刚硬"与"柔弱"何者更坚强。叔向称他八十岁了，他的牙齿一再脱落，而他的舌头依然还在。他引用了老子的两段话："老聃有言曰：'天下之至柔，驰骋乎天下之至坚。'又曰：'人之生也柔弱，其死也刚强；万物草木之生也柔脆，其死也枯槁。因此观之，柔弱者生之徒也，刚强者死之徒也。'"这两段话见于帛书本和传世本《老子》，但不见于郭店竹简本《老子》。

　　叔向是晋平公时人。晋平公在位时间是公元前557年至前532年之间。叔向与孔子差不多同时，如果他引用老子的话是战国时的太史儋之言，那只能说，叔向太聪明了，他竟能知道一百多年后太史儋所作的《老子》。唐徐坚的《初学记》卷六记载有墨子的话，并引用了老子之言："江河不恶小谷之满已也，故能大；是故江河之水，非一源之流。老子曰：'江海所以能为百谷王者，以其善下之。'苟有所逆，众流不至者多矣。"这同《墨子·亲士》中的一段话意思一致："故曰：太盛难守也。……是故江河不恶小谷之满已也，故能大。圣人者，事无辞也，物无违也，故能为天下器。"《太平御览·兵部五十三》记载："墨子曰：墨子为守，使公输般服，而不肯以兵知，善持胜者，以强为弱。故老子曰：'道冲而用之，有弗盈也。'"

　　《列子·说符》《吕氏春秋·慎大》和《淮南子·道应训》等的记载与此相似。如《淮南子》记载说："唯有道之主能持胜。孔子劲杓国门之关，而不肯以力闻。墨子为守攻，公输般服，而不肯以兵知。善持胜者，以强为弱。故老子曰：'道冲，而用之又弗盈也。'"墨子是春秋末战国初人，他的生卒年大约在公元前480年至前397年之间，即使他没有引用老子的话，根据以上记载，他的思想也是受到了老子的影响，而不是受晚于老子的太史儋的影响。蒋锡昌谈论说："夫老子之书，已为孔子同时及其近世人所见，则老子必为孔子所问礼之人，可信也。"[③]

说太史儋是《老子》的作者，与《老子》一书的晚出说有关联。有的认为《老子》成书在孔、墨之后，有的认为它在孟子和庄子前后，有的认为它在战国晚期，有的甚至认为它在秦《吕氏春秋》与汉《淮南子》之间。1973年马王堆帛书《老子》特别是甲本重见天日，使《老子》成于汉代的说法不攻自破。一般认为，帛书甲本用篆意较浓的隶书抄写，且书中不避刘邦讳，"国"都作"邦"，它是刘邦称帝之前的抄本。乙本用隶书抄写，"邦"字因避刘邦讳都写作"国"。传世本中的"常"字，因避汉文帝刘恒的"恒"字而改，帛书本中多作"恒"。可以判断，乙本抄在文帝称帝之前。

帛书《老子》甲乙本，同通行本的内容整体上相同，只是在用字和句式上略有不同。编排上的一个主要差别是，帛书甲乙本都是"德篇"在前、"道篇"在后，这同通行本"道篇"在前和"德篇"在后的顺序恰恰相反。帛书上、下篇的编排顺序，与《韩非子·解老》相同，这说明帛书本《老子》是比较早的一种《老子》传本。乙本不分章节，甲本用圆点符号区分（但已残缺）。这说明，帛书《老子》甲乙本也有差异。1993年，竹简本《老子》破土而出。竹简本《老子》的下葬年代，大致在公元前4世纪中期至前3世纪初，其抄写的下限，不会晚于公元前300年左右。鉴于其传抄需要一个过程，竹简本《老子》应该出现在战国中期之前。这样，《老子》成书于战国中晚期的说法，自然也不能成立了。

《老子》的成书实际上更靠前，不管它是由老子直接所写，还是由老子弟子所记。根据叔向引用老子的话,根据《论语》和《墨子》言论受到老子思想的影响,《老子》成书当是在春秋时期,而且原本就应是基本确定的五千余言。因为叔向引用老子的话,就不在竹简本之中,而是在通行本和帛书本之中。此外,《战国策·齐策四》记载有颜斶的故事,他是一位独立自由的游士,他到齐国访问齐宣王。正是在此时,他引用了老子的话:"虽贵,必以贱为本;虽高,必以下为基。是以侯王称孤、寡、不穀,是其贱之本与?"(属于传世本《老子》第三十九章)这段话,也不在竹简本之中。颜斶是齐宣王时人,他的卒年不详。齐宣王卒于公元前301年,他们的对话无疑在此之前。

不同于帛书本和通行本,竹简本只有一千七百多字,抄写在七十一枚简上。减去甲乙两组中重复出现的第六十四章后半部分的七十五字,那就只有一千六百多字,占通行本字数的三分之一左右,而且也没有通行本的上下篇之分。整理者根据竹简的字体、形制,分为甲乙丙三组,整个篇幅相当于今本的三十余章。

郭店竹简本《老子》同帛书本和传世本《老子》为什么篇幅悬殊,一种解释说,《老子》的原本就这么多,或者认为它是形成中的《老子》的最初本。五千言《老子》本中多出来的部分,是之后逐步补充、增加上的。这种解释没有根据。一是,它不能解释甲组和丙组都有六十四章(部分)这一现象;二是,如同上述,春秋时期叔向引用的老子的话不在竹简本《老子》中,如果是战国时期所补,完全说不通。

另一种解释说,竹简本《老子》是《老子》五千言本的摘抄本。古代抄书不易,它有意识地按不同主题摘抄了一部分。但《老子》一书的篇幅本来就小,抄它说不上繁重。竹简本《老子》甲乙丙三组,看上去每组并无明显的主题划分。甲组不是单一的主题,乙组有明显的治国内容,丙组也有修道的内容。因此,很难说竹简本是一个摘抄本。

合理地推测,郭店竹简本很可能是五千言《老子》传抄本的部分遗留本。这不是说抄书者只抄了一部分（这种可能性很小），而是说它原是《老子》五千言的抄本。它之所以只有五千言的三分之一左右，可能是陪葬时《老子》一书并没有被完全放入，只是放入了一部分。作为郭店一号楚墓陪葬品，放入的竹简，可以说没有严格的选择标准。如，其中放有一小部分无字简。另，墓主作为贵族，他应该有相当多的书籍。放入的竹简抄本，应该只是一小部分。但放什么，放多少，应只是象征性地选择一小部分。竹简本《老子》同样很可能只是被选择了一部分放进去，而不是都放了进去。

整体上，《老子》一书，最初实际上不会只有一千六百多字，原本整体上应在五千言上下，战国时附益、增加很有限。《老子》一书的传抄和流传，十分广泛和复杂。根据已知的抄本和大量刻本，分类说，第一类是从地下出土的古抄本传本，包括郭店本（公元前300年之前）、帛书甲本（抄于刘邦称帝前，即公元前202年前）、帛书乙本（抄于刘邦称帝后、刘恒称帝前，约在公元前202年后—公元前179年前）、汉简本（抄于汉武帝时期，或更早）四种[④]。出土的帛书甲本，因不避汉帝讳，应最接近于《老子》原本的面貌；其次应该是帛书乙本和汉简本。第二类是敦煌本《老子》，包括"老子想尔注本""河上公本"，它们保存了中古时期《老子》抄本的面貌。可惜的是，它们多是帛书残卷。第三类是石刻本，最早的是几种唐石刻本，如唐景龙二年（708）河北易州龙兴观道德经碑（简称"景龙本"）、唐开元二十七年（739）河北邢州龙兴观道德经幢（简称"邢玄本"）等，之后还有宋元诸本。第四类最多，是历代各种抄本和刻本，包括道藏本和其他诸本，不计其数。主要有《老子道德经河上公章句》（有常熟瞿氏藏宋刻本等）、严遵的《老子指归》（残本，有明正统道藏本）、傅奕的《道德经古本篇》（有道藏本）[⑤]。此外，海外还有日本等保存的一些传本。

三、万物的根源和统一:"道生之""德畜之"

不同的哲学传统和哲学家,都有寻找万物根源及其存在奥秘的尝试和努力。老子是这些哲学家中的一位,他对万物根源的探索受到了普遍的关注。西方的一些解释者,还喜欢把他看成是神秘主义的大师,视《道德经》为神秘主义的高级文本。中国的解释者,倾向于从三代宗教到哲学的转变,来观察子学的兴起及老子哲学的突破。相对于宗教和神学,哲学和理性被认为是脱离幻想、神秘和迷信的产物。神秘主义当然不只是宗教上的,但老子的哲学是否能被概括为"神秘主义",不是没有疑问。关键的问题是"道"。"道"的原义并不神秘,它是指连接两地的人们行走的路,虽然人们有时会迷路。海德格尔试图恢复"道"作为"路"的原义,想让"道"以原始和朴实的面貌向人们敞开。这就意味着,"道"只会更加清晰和明朗,但老子的"道"已经远远超出了常识性的"路"的意义了。

从《老子》一书来看,老子的"道"或"常道"主要有五种意义:一是指最高的实体和根源,二是指万物的创造者,三是指宇宙和万物的最普遍法则,四是指普遍的准绳和真理,五是指最高的美德("玄德")和价值。老子哲学的根本问题是"道"与"万物"的关系。掌握老子哲学的构造,就是认识"道"与"万物"是什么关系。

万物的根源和统一,不会像走的路那样直接呈现出来。它一旦成为"万物"的统一的路,它就不再是寻常之路了。老子冥想和直觉到,万物有一个伟大的根源,也有其统一性,老子姑且称它为"道"。万物的根源和统一,一旦被归结为"道","道"也就被转化为超验的东西,成为终极实在的概念。作为终级性的实在,"道"超出了普通的语言。它不可"言说",不可"指称",它是"朴"和"无名"("道隐无名")。从通常的意义看,不可言说和无名,仍然是言说和命名,就像说"无法形容"仍然是一种形容一样。

但在超验的本体领域中,"不可言说"不只是一种言说和命名,它还是对本体和超验的言说和命名,它不同于现象世界和经验领域的言说和命名。"道"从"路"引申出言说,"可道"即可以言说。但老子的形上之"道",恰恰超出了经验言说的范围,不能和西方 Logos(逻格斯)那样(具有语言、说明的意义),从言说的意义上去发挥它。"道"是无名之名,无言之言。

"道"不能言说,它超越于感性世界,这是它的突出特征。老子一再强调,"道"是无形的,人无法用各种感觉器官去感知它。《道德经》第十四章说:"视之不见名曰夷,听之不闻名曰希,搏之不得名曰微。此三者不可致诘,故混而为一。一者,其上不曒,其下不昧。绳绳不可名,复归于无物。是谓无状之状、无物之象,是谓惚恍。迎之不见其首,随之不见其后。"

道家形而上学可以称之为"无形之学"。从老子开始,道家及其后继者,都一脉相承地以"无形"和无法感知作为"道"的根本特征。如《庄子·大宗师》这样说:"夫道有情有信,无为无形;可传而不可受,可得而不可见;自本自根,未有天地,自古以固存;神鬼神帝,生天生地;在太极之先而不为高,在六极之下而不为深,先天地生而不为久,长于上古而不为老。"

从"现象""形象""形状"的意义上说,"道"也是"无象""无状"。但从"无状之状""无物之象""大象无形"的意义上说,"道"既有"象",也有"状"。它的"象"和"状",一方面包含了所有之象,所有之状;另一方面它又无具体之象、无具体之状。《道德经》第二十五章说"道"是"有物混成",其中的"有物",竹简本作"有状";第二十一章说"道""惚兮恍兮,其中有象"。这表明,老子的"道"有象有状态,而又不是一般性的"状"(或"状态")和"象"。

老子的"道"是"气物性"的实在，还是"非气物性"的绝对，研究者有过彼此都振振有词的争论。争论的双方都从《道德经》那里找到了似乎是可靠的根据。研究者还争论，"道"是气物性的实体，还是绝对性的原理；是宇宙生成的根源（"自然哲学"），还是万物统一的"本体"。这些争论，牵涉到了一个方法论上的问题，即"道"是不是非此即彼。坦率地讲，对老子的"道"进行单一化约，有些简单。实际上，老子对"道"有许多解释，我们也要在复合的意义上去理解它。

"道"是"有"与"无"的统一。老子把普通名词"有"与"无"，还有"德""玄""朴""一""静"等，都转化为形而上学语言，这些词后来都成了中国形而上学的核心概念。传世本"天下万物生于有，有生于无"这句话，使人得出结论说，老子的"无"也就是"道"，它就像王弼以无为根本的"无"那样。在竹简本中，这句话是"天下万物生于有，生于无"。我倾向于认为这句原是如此。据此，老子的"无"并不比"有"重要，两者是并列和平行的。从没有可感的形体、形象和形状说，老子的"道"是"无"；但从它是"无象之象"（"大象"）、"有状混成"的意义上说，它又是"有"，是最实在的"有"。正如老子所说："惚兮恍兮，其中有象；恍兮惚兮，其中有物；窈兮冥兮，其中有精。其精甚真，其中有信。"（第二十一章）

作为"道"的统一的两个方面，"有"与"无"两者同出于"道"（"同出而异名"），但它们同时又是"万物"的始源。《道德经》第一章的"有无"就是这样："无名天地之始；有名万物之母。故常无欲以观其妙；常有欲以观其徼。此两者同出而异名，同谓之玄。玄之又玄，众妙之门。""天地之始"当为"万物之始"。

以"常无"和"常有"句读，基于"有"与"无"是"道"的两个方面，这也符合《庄子·天下》说的，老子"建之以常无有"。以"常无欲"和"常有欲"句读，"常有"和"常无"的概念便丧失了。关键是，"常有欲"的说法根本不合乎老子的思想。还有，帛书中"欲"后面的"也"字是增益。"欲以"的用法，在先秦古籍中常见。以"无名"和"有名"来句读，也不恰当。老子这里要说的是，"有"与"无"同出于"道"，而又名称不同。不是说"无名"和"有名"同出于"道"，而又是两个"名"（"无名"和"有名"）。

老子有"道隐无名""道常无名朴""镇之以无名之朴"等命题，这里的"无名"不能解释为"无"，因为"无名"是"道"的谓词，不是"无"的谓词。况且《道德经》没有"有名"的第二个用例，也没有"有"是"有名"的意思。把这里的"有名"理解为"万物"，就更成问题。老子的"有无观"，还有一个方面，它是在形而下的意义上使用的。这有两个明显的例证，一是《道德经》第二章的"有无相生"；再就是第十一章的这段话："三十辐共一毂，当其无，有车之用；埏埴以为器，当其无，有器之用；凿户牖以为室，当其无，有室之用。故有之以为利，无之以为用。"

老子确实为"道"赋予了"物"的性质。主要的根据是他说过"其中有物"。这是恍恍惚惚、若隐若现、捉摸不定中的"物"，它不同于"万物""夫物芸芸"的"物"，它不是具体的有形的器物。老子说万物向"道"的复归，是"复归于无物"。老子的"道"是绝对的"实在"，是绝对的"有"或绝对的"物"，它又被称之为"朴"。"道"的"朴实性"，既是说它未分化，它是混沌，是最初的状态，又是说它包含着一切的可能。

"道"的这种意义，涉及的是宇宙生成论。老子相信，"道"是产生万物的根源。他说："道冲，而用之或不盈。渊兮似万物之宗。挫其锐，解其纷，和其光，同其尘。湛兮似或存。吾不知谁之子，象帝之先。"（第四章）老子联想到女性的生育，用"谷神""玄牝"来形容"道"的伟大的创生能力。《道德经》第六章称赞"道"是"万物的母亲"，说："谷神不死，是谓玄牝。玄牝之门，是谓天地根。"又说：道"可以为天地母"（第二十五章）。

老子不仅主张"万物"是由"道"造就的，而且还说明了"道"造就万物的过程。他提出了一个模式，这个模式是："道生一，一生二，二生三，三生万物。万物负阴而抱阳，冲气以为和。"（第四十二章）老子应该清楚他在说什么，可我们却难以理解他说的"一""二""三"究竟是指什么。《淮南子·天文训》解释说："道曰规始于一，一而不生，故分而为阴阳，阴阳合和而万物生。"一般解释说，"一"是指未经分化的"气"，"二"是指分化之后的阴阳二气，三是阴阳相结合而形成的"和气"。这种"和气"最后产生了万物。其中的"负阴抱阳"和"冲气以为和"，是这种解释的基本依据。

"负阴抱阳"是《道德经》中唯一使用"阴"和"阳"的例子。"气"除了这里的"冲（虚）气"外，还有"专气致柔，能如婴儿乎"和"心使气曰强"的"气"。不过，这两处的"气"，都没有宇宙观和自然观的意义。"气""阴阳"等是中国宇宙"生成论"的关键词。老子这段不明朗的话，是整个中国宇宙生成论的催化剂。

老子的"道"具有无限的生育能力，万物都根源于它。老子的"道"又是万物统一的基础和根据。这涉及了老子有关"一"的概念。"一"这个数字，在老子那里，已经不再是一个普通的数字，它是无限的最大的"一"，是"道"的一个别名（"混而为一"），它强调了"道"的整体性和统一性。《庄子·天下》称老子之学是"主之以太一"。"太一"是至高无上的"一"。"一"相对于"多"。"多"分有了"一"并统一于"一"。《道德经》第三十九章说："昔之得一者，天得一以清，地得一以宁，神得一以灵，谷得一以盈，万物得一以生，侯王得一以为天下贞。"

万物分有了"一"，各自就具有了特性和活力。保持"一"，就是保持自身，老子形象地称之为"拥抱一"（"抱一"）。晋武帝求助术数得到了"一"，感到不好，裴楷就以老子的"一"为他作了皆大欢喜的注解。《世说新语·言语》记载："晋武帝始登阼，探策得'一'。王者世数，系此多少。帝既不说，群臣失色，莫能有言者。侍中裴楷进曰：'臣闻天得一以清，地得一以宁，侯王得一以为天下贞。'帝说，群臣叹服。"

"德"是老子形而上学的又一个重要观念，同"道"具有密切关系。"万物"是"道"的创造物，"万物"各自分有了"道"并统一于"道"。《道德经》第三十四章称："大道汜兮，其可左右。万物恃之以生而不辞，功成不名有，衣养万物而不为主。常无欲，可名于小；万物归焉而不为主，可名为大。以其终不自为大，故能成其大。"万物分有了"道"的部分本质，就成为自己的"本质"，这个本质就是"德"。

韩非把老子的"德"解释为从"道"那里"得到"了自己的东西。老子还为"德"赋予了万物养育者和监护者的意义。《道德经》第五十一章说："道生之，德畜之，物形之，势成之。是以万物莫不尊道而贵德。道之尊，德之贵，夫莫之命而常自然。故道生之，德畜之。长之，育之；亭之，毒之；养之，覆之。生而不有，为而不恃，长而不宰，是谓玄德。"在这里，老子一并歌颂了"道"和"德"的崇高。"道"和"德"是万物默默无闻的创造者和养育者。

老子心中最高的"德"是"上德""玄德"和"广德"。老子的"德"，只能往"大恩大德"的高处去理解，而不能往"小恩小惠"的低处去想。老子描述说："玄德深矣，远矣，与物反矣，然后乃至大顺。"（第六十五章）"上德若谷，……广德若不足。"（第四十一章）对老子来说，"大德"是以德报德，也是以德报怨，更是以德报无德："善者，吾善之；不善者，吾亦善之，德善。信者，吾信之；不信者，吾亦信之，德信。"（第四十九章）"德"是内在于万物的"本质"和"本性"，万物因得到了"德"而有"德"。但"孔德之容，惟道是从"的"德"，是从不沾沾自喜于自己的"德"。《道德经》第三十八章说："上德不德，是以有德；下德不失德，是以无德。"

在老子那里，"道"体现在"天道"上，就有了"天道"的公正和德性。这是天下财物分配的公正,是为人民带来利益而从不损害人民的"德性"。《道德经》这样说:"天之道,其犹张弓与!高者抑之,下者举之;有余者损之,不足者补之。天之道,损有余而补不足。人之道则不然,损不足以奉有余。孰能有余以奉天下?唯有道者。"(第七十七章)又说:"天之道,利而不害;圣人之道,为而不争。"(第八十一章)老子的"天道"是正义的理性,如他说:"天道无亲,常与善人。"(第七十九章)

总之,"道"既是万物的根源,又是万物的本质("道者万物之奥");"道"是"一",但它创造了层出无穷的"多",使万物各有其"德"。"道"是最高的"安静",但它能使一切变化;"道"是最大的空虚,但它能使一切充满;"道"是最大的谦让和不争,但它能使一切都具有伟大的力量;"道"从不表白什么,也不干预什么,但它能使万物处于最完善和最完美的状态。"道"是万物的母亲,也是万物的榜样。有了"道",一切光明;没有了"道",一切死亡。

四、"转化"的奥妙:"有无相生"

老子的思想充满着辩证的思维,我更愿意使用"转化"(或"变化")这个词来分析他在这方面的智慧。《道德经》第四十章,有两句著名的话——"反(返)者道之动,弱者道之用",它包含了重要的"转化"法则。但理解起来并不容易,一直有不同的解释。这两句话的恰当解释是,促使异常的事物回到自身,是"道"的运动方式;柔弱地对待一切事物,是"道"发挥作用的方式。柔弱和无为一样,都是"道"面对万物的活动方式;万物变化,"化而欲作""妄作",事物就会失去自我。在这种情况下,"道"又帮助事物返回自身。"返",同老子反复强调的"复归"完全一致。因此,"反"和"弱"这两方面共同构成了老子"转化"世界观的基本内涵。

具体事物之间为什么会转化，在老子看来，这是因为事物彼此包含着相反的因素。老子的名言说："祸兮福之所倚，福兮祸之所伏。"（第五十八章）按照老子的洞见，灾祸与幸福作为相反的两极，彼此包含着对方的因素。但实际的转化究竟如何发生，有时令人捉摸不定。老子追问说："孰知其极？其无正？正复为奇，善复为妖，人之迷，其日固久。""塞翁失马，焉知非福"的故事，是后人对老子祸福转化莫测的一个生动的演绎。"损益关系"也一样，老子称："故物，或损之而益，或益之而损。"（第四十二章）

事物转化需要条件，而条件是积累起来的。当事物的因素和力量积累到一定程度，它就促使事物发生变化，事物由弱小而转化为巨大。如《道德经》相邻的两章说："图难于其易，为大于其细。天下难事必作于易，天下大事必作于细。是以圣人终不为大，故能成其大。"（第六十三章）"合抱之木，生于毫末；九层之台，起于累土；千里之行，始于足下。"（第六十四章）这里的积累，是促使事物朝着壮大的方向转化。任何伟大的事物，都来自于微小因素的不断积累。只要不断地积累，就可以使事物发生巨大的变化。这同时说明，事物的微小状态是容易被控制的："其安易持，其未兆易谋，其脆易泮，其微易散。为之于未有，治之于未乱。"（第六十四章）放任微小的不利因素的增加，伟大的事物也会被毁灭。"千里之堤，毁于蚁穴"，就体现了事物转化的这一无情法则。

在事物转化中，事物变得过分强大，就会朝着相反的方向转化，一般称之为"物极必反"，用老子的话说就是"物壮则老，是谓不道，不道早已"（第三十章）。有关这一方面，老子还有以下的深刻认识："持而盈之，不如其已；揣而锐之，不可长保。金玉满堂，莫之能守；富贵而骄，自遗其咎。功遂身退，天之道。"（第九章）老子从自然界的风雨现象中获得了物极必反的灵感。在他看来，即便是"天地"这种巨大的事物，如果极盛化，也不能长久地保持，更何况是人："故飘风不终朝，骤雨不终日。孰为此者？天地。天地尚不能久，而况于人乎？"（第二十三章）

对于事物的转化来说，看似"柔弱"的东西，反而能够战胜刚强的东西。这可以说是"物壮则老"的反向法则。既然事物强盛就会走向灭亡，那么使事物处于柔弱的状态，它就能够持续存在。老子转化思想最有特色的地方，是他的"柔弱主义"或"阴性主义"。有人推测，老子可能是女性或月神崇拜论者，因为女性和月神都体现了阴性和柔性的美德。老子的"玄牝之门"和"谷神"，都以空虚和卑弱为特征。生物死后都变得僵硬，从中受到启发，老子得出结论说，生命的活力和持续，都在于"柔和性"，在于它们善于处于卑下的位置："人之生也柔弱，其死也坚强；万物草木之生也柔脆，其死也枯槁。故坚强者死之徒，柔弱者生之徒。是以兵强则不胜，木强则折。强大处下，柔弱处上。"（第七十六章）老子十分欣赏天真和纯朴的婴儿，因为婴儿是柔和性的完美表现："含德之厚，比于赤子。蜂虿虺蛇不螫，猛兽不据，攫鸟不搏。骨弱筋柔而握固，未知牝牡之合而全作，精之至也。终日号而不嗄，和之至也。"（第五十五章）

老子赞美"水的美德"，把"水"看成是柔弱及柔和的象征。古希腊和古印度哲学，或把水作为万物的根源，或把它作为构成事物的基本元素之一。在中国哲学中，作为五种元素和动力的五行，其中就有水。郭店竹简《太一生水》，受老子"尚水"思想的影响，为"水"赋予了生成论的意义。在老子看来，水处于最卑下的位置，它不与事物争高，它最接近于"道"的本质："水善利万物而不争，处众人之所恶，故几于道。"（第八章）水是最柔弱的，但它蕴含着无限的冲击力，它能够攻下最强硬的堡垒："天下莫柔弱于水，而攻坚强者莫之能胜，其无以易之。"（第七十八章）一般人都相信"刚强"的力量，看不到"柔弱"的魅力，然而老子一反常态，认为"柔弱"比刚强更有力量。

不限于柔弱，老子的智慧，关注的都是常识中消极的一方。我们可以把常识中认为是积极的一方称之为正，认为是消极的一方称之为反。在两者彼此相反的关系中，老子站在了反的立场上：

正	反
有	无
有为	无为
动	静
实	虚
上	下
雄	雌
先	后
直	曲
贵	贱
多	少
直	枉
有知	无知
有欲	无欲

以上是一些正反对立的关系。人们通常偏爱正者，但老子则偏爱于反者。在被认为是消极的反面，老子看到了力量和意义。不同于正向的思维，老子的思维方式是逆向的，是通过否定性来肯定和实现正面的东西。这样的思维方式，不仅在中国哲学中，就是在世界哲学中，也是非常独特的。

相反的事物，彼此相互依存。老子举出了一连串的例子，如美丑、有无、难易、长短、高下、音声、前后等，它们相反，而又相互依存。《道德经》第二章说："天下皆知美之为美，斯恶已；皆知善之为善，斯不善已。故有无相生，难易相成，长短相较，高下相倾，音声相和，前后相随。"对老子来说，对立的事物不是纯粹消极的，相反的东西也具有借鉴的意义。照一般的标准，善人与坏人是相反的两极，人们一味地赞美善人，完全否定坏人，但老子则独到地认为，坏人对善人也具有资借的作用，而不是纯粹否定性的存在："故善人者，不善人之师；不善人者，善人之资。"（第二十七章）同样，委曲与保全、弯屈与伸直、低洼与充盈、破旧与崭新等，它们作为相反的两极，彼此都相互依存和互相借助："曲则全，枉则直，洼则盈，敝则新，少则得，多则惑。"（第二十二章）

认识老子的相反相成，容易联想到晏婴的"和而不同"。有一次，晏婴陪伴齐景公，齐景公称赞他的另一位臣僚梁丘据（亦称子犹），说只有梁丘据能同他相"和谐"。晏婴辩难说，梁丘据不过是"苟同"而已，根本谈不上是"和谐"。齐景公不理解"和谐"与"苟同"之间的差别，晏婴以生活中的烹调为例，向他说明了两者之间的差别："和如羹焉，水、火、醯、醢、盐、梅，以烹鱼肉，燀之以薪，宰夫和之，齐之以味，济其不及，以泄其过。君子食之，以平其心。"（《左传》昭公二十年）对晏婴来说，理想的君臣关系也是"和而不同"。他接着说："君臣亦然。君所谓可而有否焉，臣献其否以成其可；君所谓否而有可焉，臣献其可以去其否。是以政平而不干，民无争心。……先王之济五味、和五声也，以平其心，成其政也。……今据不然，君所谓可，据亦曰可；君所谓否，据亦曰否。若以水济水，谁能食之？若琴瑟之专壹，谁能听之？同之不可也如是。"在君主赞成和否定的两种决策主张中，相反的看法能够完善决策。即："用相反和敌对的关心来补足较好动机的缺陷。"⑥

从事物的转化中还可以发现，伟大的事物看上去像是相反的东西。老子以佯谬的方式揭示说："大成若缺，其用不弊。大盈若冲，其用不穷。

大直若屈,大巧若拙,大辩若讷。"(第四十五章)《道德经》第四十一章还阐述说,完善的事物恰恰就容纳了反面性的东西:"故建言有之:明道若昧,进道若退,夷道若纇,上德若谷,大白若辱,广德若不足,建德若偷,质真若渝。""缺陷"一般用来描述事物的不完美性,但"缺陷"对于事物来说,又有不可缺少的意义。因此,要允许有缺陷,善于包容各种事物。"道"为什么能够成为万物的根源,正是因为它包容了万物。就像江河的伟大,是因为它容纳了所有的支流和小溪。老子说:"容乃公,公乃王,王乃天,天乃道,道乃久。"(第十六章)

五、"简省"和"清静"的统治:"自然"与"无为"

道家的学说被概括为"君人南面之术",可以说又是一种"统治术"。不过老子的"统治术",要从统治的基本原理上来看,不能从制度上来看。黄老学十分关注法律规范,也强调官僚技术,这使统治变得既具体又实用。老子当然不像一般所说的那样,反对法律制度和条令规范,因为任何统治都不能没有制度和规范,哪怕是老子设想的"人口稀少的小型国家"("小国寡民")。他只是谴责法律和条例的繁多("法令滋章")。老子的"统治术"体现为统治的原理,它是由"自然"与"无为"这一对概念构成的。"无为"一词曾见于《诗经》,之前它不是一个显眼的词。经过老子之手,它变得异乎寻常。孔子大概最受到了老子"无为"观念的影响,他说舜推行的就是"无为而治"。"自然"一词是老子首次使用,是他将"自"和"然"合起来创造了这个词。

在宇宙秩序中,"无为"是"道"的运行方式。"道"产生了万物,但它并不宰控和干涉万物,而是顺从万物的自行化育,这是"道"的"无为"(不干涉、不控制);万物不受外部力量的干涉和强制,按照各自的本性变化,这是万物的"自然"(自己造就、自己完成)。"无为"是相对于"道"而言,"自然"是相对于"万物"而言。"道法自然"的确切意义是,"无为"的"道"遵循万物的"自然"。"道法自然"习惯上被解释为"道自己如此"、道的本性是自然。这样解释,语言上说不通,也失去了"道"遵循万物、不干涉万物行程的真义。

进一步,在社会政治生活中,执政者要以合乎"道"的方式来治理。作为人世间的统治者,圣人或侯王的最好统治方式,就是效法"道"的"无为",实行"无为"。"无为"容易给人一种没有行动的消极意义。但它的真正意义,是限制权力的使用,不加干涉和控制,避免有害的政治行动。老子的"无为"和"无事",表现在许多方面,"不言""不争""无欲""不为始""不恃""弗居""无执""不可为""不可执""不宰""勿矜""勿伐""勿强""无事""不为大""不自见""不自贵""少私""不为天下先"等等,这些都是老子要求的,它们是"无为"之"为",是"无事"之"事"。

专制的政治行为都是"有为",它是指统治者一系列不合乎"道"的行为。比如,过分、过度、功成自居、自以为是、苛政、大量的税收、繁琐的法令等。从否定的方面说,"无为"是禁止统治者从事什么;从肯定的方面说,它是要求统治者积极从事什么,如"纯朴""清静""谦卑""功遂身退""柔弱""以贱为本""以下为基""宽容""赤子之心""守中道""节俭""勇于不敢""为无为",等等。

人们可能对老子的"为无为",对"勇于不敢"感到困惑,就像老子说的"味无味"那样。既然"无为"是合乎"道"的政治活动,那就需要坚定地去实践它。但政治本来是统治,对于掌握着最多政治资源,对于具有最高权力的统治者来说,客观条件不仅促使他们"想"做很多事,而且他们也完全"能够"做很多事(不管做得如何)。因此,对于统治者来说,"想事"和"做事","想为"和"有为",反而是容易的;而"不想事""不做事",实行"无为"和"不为"、不折腾,恰恰是一件最难的事。

因此,实行"无为"是极其困难的,需要巨大的政治勇气。老子为什么会提出"勇于不敢",由此可以得到理解。

在政治领域中,"勇敢"就是勇于"有为","勇于不敢"就是勇于"无为"。这种"勇气"非同寻常。"无为"的深层意义是要求统治者限制自己的行为,说到底是限制权力的使用,防止权力的滥用。因为正如阿克顿(Acton)勋爵所说:"权力导致腐败,绝对权力导致绝对腐败。"(Power tends to corrupt, and absolute power corrupts absolutely)[7]。在权力缺乏有效监督和制约的情况下,统治者自身能充分意识到权力的危险性,并限制权力的使用,这需要的不仅是明智,而且也是"自己战胜自己"的"强大"("自胜者强")勇气。

统治者"无为"、不干涉,百姓们就能"自然",就能自行其事。"自然"一般解释为"自己如此"。老子称"功成事遂,百姓皆谓我自然"(第十七章)。这句话的意思是,事务和功业的完成,都是百姓自己成就的。同"自然"的意思一致,老子使用了"自化""自正""自富""自均"等词汇。"自"这个字,强调百姓是他们自己事务的主体,百姓最清楚自己的事务,也最关心自己的利益。他们懂得,为了获得自己的利益,应该如何去行动。

黄老道家清楚地意识到,百姓具有无限的活力和智慧,统治者虽然掌握和控制着最多的政治资源,具有最高的权力,但他绝不是"无所不能""无所不知"的。仅就统治者本身的各种能力来说,他可能是极其平常的。《管子·心术上》说:"强不能遍立,智不能尽谋。"《淮南子·原道训》也说:"任一人之能,不足以治三亩之宅也。"统治者同无数的臣民相比,撇开他的政治资源,他的智慧微不足道。这就可以理解,道家为什么强调统治者要遵循("因"和"循")百姓的意愿和选择;也可以理解,道家为什么反对统治者代替百姓作出选择。《管子·心术上》说:"上离其道,下失其事。毋代马走,使尽其力。毋代鸟飞,使弊其羽翼。

毋先物动，以观其则。动则失位，静乃自得。道不远而难极也。"

在复杂的社会生活中，人掌握到的知识和信息极其有限。因此，执政者不要试图进行万能的统治。问题恰恰在于，有限的统治者，却要承担无限的责任，进行无限的统治。在政治生活中，统治者若能自我约束权力并有所不为，只要有这种有限的开明性，他就很有可能是一位明君。

老子生活在天下失序的乱世，他观察到，统治者对百姓和庶民事务的干涉太多了，这引起了许多社会问题。统治者还试图用死来威胁他们，迫使他们接受。但是当百姓生活不下去的时候，他们就会抛弃对死亡的恐惧而进行反抗。老子谴责并警告说："民之饥，以其上食税之多，是以饥；民之难治，以其上之有为，是以难治；民之轻死，以其求生之厚，是以轻死。"（第七十五章）"民不畏死，奈何以死惧之！若使民常畏死，而为奇者，吾得执而杀之，孰敢？常有司杀者杀。夫代司杀者杀，是谓代大匠斫。夫代大匠斫者，希有不伤其手矣。"（第七十四章）

老子称"以正治国，以奇用兵"，似乎表明他对军事征服和战争是支持的。然而，战争是最大规模的"有为"行动，它既不合乎老子清静无扰的学说，也有悖于老子对军事的整体立场。老子不可能鼓励统治者主动挑起战争，因为他清醒地意识到军事行动是不吉祥之物，真正遵循"道"的统治者是不会发动战争的。在《道德经》第三十章和第三十一章，我们都看到了老子的这种立场："以道佐人主者，不以兵强天下。其事好还。师之所处，荆棘生焉。大军之后，必有凶年。""夫佳兵者，不祥之器。物或恶之，故有道者不处。……兵者，不祥之器，非君子之器。不得已而用之，恬淡为上，胜而不美。而美之者，是乐杀人。夫乐杀人者，则不可以得志于天下矣。"在不得已的情况下，如果需要动用兵力，那就要出奇制胜。但最后即便胜利了，也要以悲哀的心情去悼念那些死去的士兵。真正说来，倡导清静的老子是一位和平主义者。唐代王真把《道德经》视为一部兵书，但它的目的不是为了指导战争，而是为了消除战争（"息兵"）。老子设想的小型国家模型（"小国寡民"），是连军事力量都不存在的，更何况是战争。

老子是"文明的批评者"，他甚至要求放弃文明。对老子来说，那些被称为文明的东西，既是远离"大道"的结果，又是造成问题的原因。他的两个著名推断说："大道废，有仁义；慧智出，有大伪；六亲不和，有孝慈；国家昏乱，有忠臣。"（第十八章）"天下多忌讳，而民弥贫；民多利器，国家滋昏；人多伎巧，奇物滋起。"（第五十七章）老子还严厉地批评礼说："夫礼者，忠信之薄而乱之首。"（第三十八章）这都是老子对文明弊病的深度反思。

孤立和表面地看，老子似乎是主张"愚民政策"的，尤其是他说："古之善为道者，非以明民，将以愚之。民之难治，以其智多。"（第六十五章）他还说："不尚贤，使民不争；不贵难得之货，使民不为盗；不见可欲，使民心不乱。是以圣人之治，虚其心，实其腹；弱其志，强其骨。常使民无知无欲，使夫智者不敢为也。为无为，则无不治。"（第三章）这不是要求统治者愚弄他的人民，还会是什么？但根据老子的整个政治奥秘，绝不能从专制绝对主义的意义上去理解老子的"愚之"。专制绝对主义同老子的"无为主义"格格不入。"愚之"既要从老子反思和批评文明的立场来理解，如《老子》第十九章说："见素抱朴，少私寡欲"，也要从老子反对统治者以智慧治国的观念来观察，如老子说："其政闷闷，其民淳淳；其政察察，其民缺缺。"（第五十八章）又说："故以智治国，国之贼；不以智治国，国之福。"（第六十五章）老子说得很清楚，要糊涂是都糊涂，百姓要糊涂，统治者也要糊涂。

老子"自然无为"政治学说的中心，是要求统治者清静无扰，奉行"不言之教"，让百姓能够自行其事。这是一种高度"简省无为"和"质朴无华"的统治。老子相信，这种看似"消极"的无所作为的统治，却是最有成效的("无为而无不为")。正如《道德经》所说:"道常、无名、朴。虽小,天下莫能臣也。侯王若能守之,万物将自宾。天地相合以降甘露。民莫之令而自均。"(第三十二章)又说:"道常,无为而无不为。侯王若能守之,万物将自化。化而欲作,吾将镇之以无名之朴。无名之朴,夫亦将无欲。不欲以静,天下将自正。"(第三十七章)

在老子那里,圣人"无为"与百姓"自然",彼此互为前提和条件。正因为统治者是"有限的",因此他必须因循百姓的才能;正因为百姓具有统治者所不具有的"无限性",能够自己治理自己,所以才不需要圣王"有为",只要圣王能因任他们,就能无所不治。《老子》第五十七章以彼此对应的方式说:"我无为而民自化,我好静而民自正,我无事而民自富,我无欲而民自朴。"

老子把统治的模式和社会效应划分为四个等级:最高一等的统治是,社会秩序良好而百姓又感觉不到统治者的存在;第二等是,统治者为人民带来了福利,并得到了人民的拥护和称赞,这类似于儒家所说的"德治";第三等是,统治者采取暴力和恐怖的手段,使人民畏惧他;最后一等是,腐败不堪,胡作非为,遭到了人民的轻蔑和唾弃。老子理想中的最高等级的统治,不是激进的无政府主义或者所说的"无君论",而是基于"道"的"无为"的统治,其中心是要求统治者清静无扰,百姓能够自行其事,这是一种"简省无扰"的统治。

老子形象地把治理一个大国的方法比喻为烹烧一条小鱼,要耐心地静观其变,不要翻动。司马迁将老子的治国智慧概括为"无为自化,清静自正",既准确又简约。老子这一深刻的自然无为的政治观念,在公元前5世纪就隐隐约约聆听到了一种近代的呼声:"不要干涉""要安静""管得最少的政府就是最好的政府"。

六、"修身养性":"善摄生"和"不失其所"

　　老子贡献了大到治理国家的智慧,也贡献了小到"修身养性""处世"的精湛人生艺术。老子长寿而终,信仰不死的道教徒将他神化为长生不老的化身,或者还想象,他是率领天上的仙人、玉女来到人间的"太上老君"。老子的长寿,同他教导人们修身养性有联系。老子是如何教导人们修身养性的呢?

　　不用说,道教徒发展出来的指导人们养护生命的可操作的各种技巧,老子没有。他教导人们的,是养生的高级原则,是以"道"为最高的准绳。无限和伟大的"道",是生命力的不竭源泉。合乎"道"而生活,或者遵循"道"的本质而存在,人就能够保持长久的生命。老子说:"不失其所者久,死而不亡者寿。"(第三十三章)"不失其所"是指"不失去根本的道",这是生命长久的奥秘。老子这里说到的"寿",不是指身体上的,而是指一个人死后不被人们所遗忘。由此可以看出,老子虽然相信人可以"长生"和"长久",但他确实没有身体不死的想法。后来一部分道教徒,把他的长生和长久的信念变成了自然生命的永恒。

　　合乎"道"的生活方式,体现为一系列的修身和养生原则,它们都根源于伟大的"道"的本性。在这些原则中,老子要求人过一种"适度"和"节制"的生活。老子没有直接使用"节制"和"适度"的概念,但他有"去甚"和"去泰"的说法,这就是要求不要过度和过分,它十分符合"节制"和"适度"的观念。人的生活愿望无穷无尽,愿望的满足不是愿望的减少,而常常是愿望的扩大和无休止的追逐,使人的身心疲惫不堪,不得安宁。

　　老子观察到,上层社会和贵族阶层生活丰裕、奢侈,他们拼命地消费和享用着一切。《道德经》第五十三章描述说:"大道甚夷,而民好径。朝甚除,田甚芜,仓甚虚。服文采,带利剑,厌饮食,财货有余,是为盗夸。非道也哉！"人不知生命机体的可承受性，不知身心需要宁静，过度地消费，过度地竞逐，生命的机能和身心的平衡就要被破坏。老子以朗朗上口的句式告诫说："五色令人目盲，五音令人耳聋，五味令人口爽，驰骋畋猎令人心发狂，难得之货令人行妨。"（第十二章）目不暇接的华丽色彩、震耳欲聋的激昂旋律、应有尽有的美味佳肴、竞奔追逐的射击、令人垂涎三尺的财物和珠宝，在老子看来，都有害于人的身心健康，必须加以节制。

有人有一种逻辑，叫做与其克制欲望痛苦地长寿，还不如充分享受人生的乐趣而短命。更让人惬意的，是这样的逻辑：既充分地享受人间的美好生活，又长命不死。齐景公在饮酒作乐时曾感叹说，自古以来若没有死亡该多好啊！但晏婴则巧妙地回答说，如果自古以来人都没有死亡，那就是古人之乐，他就没有机会享受侯王的生活乐趣了。照杨朱的快乐主义和纵欲主义的想法，人生既然是有限的，不管圣贤愚不肖最终都要死去，最好的选择就是去追求欲望的满足和最大的快乐。但对于理性主义者来说，合理的人生选择，是过一种有节制和适度的生活，他们既能够享受到人生的不少乐趣，又能够安度天年。

老子用具体的数字，说出了人们不同寿命的比例。长寿的占十分之三；短命而死的占十分之三；本来可以长寿，不珍惜生命而走向死路的又占了十分之三。老子的原话是这样说的："出生入死。生之徒十有三，死之徒十有三，人之生动之死地，亦十有三。"（第五十章）不管老子是根据什么得出的这一数字，他重点要挽救的，是自然天赋长寿却因后天原因不能享受天年的人。人们喜欢和追求美好之物，但美好之物也是长着"爪牙"的，也会伤害人。没有节制的欲求，过度的享受，再美好的事物都会损害人的身心，何况是那些可怕的力量。

在老子看来，合理的养生之道，是善于使用美好的事物，要避免对事物的过度使用，避免产生有害的结果；要善于避免直接威胁生命的可怕力量，在那些置人死地的场所，也能做到安然无恙。老子追问说，为什么自然天赋长寿的人反而不能长寿呢？这是因为他们享有的生活物品太丰厚了，远远超出了实际需要。真正善于护养生命的人，是在死亡之地也能远离死亡的人。老子惊人的说法是："盖闻善摄生者，陆行不遇兕虎，入军不被甲兵。兕无所投其角，虎无所措其爪，兵无所容其刃。夫何故？以其无死地。"（第五十章）

老子的说法，使我们想到了孔子的养生论。鲁哀公曾咨询孔子说，是仁爱的人长寿，还是有智慧的人长寿？孔子没有直接回答他的问题，他先是讲述了咎由自取、死于非命的三种情形：一是无节制的生活，二是触犯刑律，三是自不量力的争斗。但仁人智士都是长寿的，因为他们能够选择合理的生活和行为方式。《孔子家语·五仪》记载了孔子的这番回答："哀公问于孔子曰：'智者寿乎？仁者寿乎？'孔子对曰：'然。人有三死而非其命也，行己自取也。夫寝处不时，饮食不节，逸劳过度者，疾共杀之。居下位而上干其君，嗜欲无厌而求不止者，刑共杀之。以少犯众，以弱侮强，忿怒不类，动不量力者，兵共杀之。此三者死非命也，人自取之。若夫智士仁人，将身有节，动静以义，喜怒以时，无害其性，虽得寿焉，不亦可乎！'"

孔子这里讲述的长寿之道，同老子主张的适度和节制的生活方式是一致的。老子赞美圣人，因为圣人有许多美德，其中就有不走极端、不奢侈和不过分的美德——"去甚，去奢，去泰"（第二十九章）。老子说，人生有三个妙方（"三宝"），其中之一是"节俭"。它不是墨家提倡的清苦生活，不是佛教托钵僧的苦行主义，更不是奢侈的生活，而是有节制的简单生活。生活其实也是很简单的，复杂的生活往往加重了生命的负担。关键是，人要能把握住生活的奥秘，能够体验"味无味"（第六十三章）、"甘其食，美其服，安其居，乐其俗"（第八十章）的境界。

适度和节制的生活，不仅体现在合理地使用生活资源和消费上，也体现在善于积蓄身心的精力,使生命处于旺盛和饱满的状态。《道德经》第五十九章有一个称之为"啬"的概念,它的意思是"爱惜"和"蓄养"。人要爱惜自己的身心,要有节制地生活。在老子看来,治理国家和修身养生,没有比珍惜和保存自己的精力更好的方法了。只要奉行和实践它,国家可以长治久安,人能够长寿不老。老子说:"治人事天莫若啬。夫唯啬,是谓早服。早服谓之重积德,重积德则无不克,无不克则莫知其极。莫知其极,可以有国。有国之母,可以长久。是谓深根固柢,长生久视之道。"(第五十九章)

但一些人不懂得珍惜自己的生命,常常不节制,过度地消耗自己的身心,结果萎靡不振,未老先衰。人们只知道储存和深藏财物,却忽略了蓄养精力;人们不仅透支金钱,更透支自己的生命。老子以必然性的法则断定说:"甚爱必大费。"(第四十四章)难道不是吗?过度的迷恋,就一定要有巨大的耗费。在名望与生命、生命与财物、得到与失去之间,人们失去了判断力,不知道轻重缓急,被物质所奴役。老子质问说:"名与身孰亲?身与货孰多?得与亡孰病?"(第四十四章)

过度和过分的占有、消耗,源于人的生活欲求的无限性和不知足,这同人在所有方面的有限性极其不对称。庄子意识到,人的生命是有限的,这种有限性同知识的无限性不对称。他感叹说:"吾生也有涯,而知也无涯。以有涯随无涯,殆已!"(《庄子·养生主》)相对于万物,人过高地估计了自己,自豪不已地相信人类是万物的中心;相对于人类,有人唯我独尊,喜欢以自我为中心,使自己同无限的宇宙万物、同社会处在紧张和决斗的状态中。

老子的教导是,"要学会放弃"。如果想无止境地拥有,我们什么也不能拥有;如果要贪得无厌地拥有,我们可能会失去得更多。这就是老子所说的"多藏必厚亡"(第四十四章)。人们常常讽刺图画上的"画蛇添足",但不能摆脱看不见的"多余":"其在道也,曰余食赘形。物或恶之,故有道者不处。"(第二十四章)过去,甚至今天还有人仍在谴责老子,说他鼓励人"消极退守""不求进取"。老子确实教导说,你们要虚心和谦卑,要守弱和不争。这样的话语,散布在有限的五千言中。如第二十八章以典型的对偶句式说:"知其雄,守其雌,为天下谿。为天下谿,常德不离,复归于婴儿。知其白,守其黑,为天下式。为天下式,常德不忒,复归于无极。知其荣,守其辱,为天下谷。为天下谷,常德乃足,复归于朴。"《荀子》抓住了老子的思想旨趣,说他是"有见于诎,无见于信"。《庄子·天下》也揭示说,他是"以濡弱谦下为表,以空虚不毁万物为实"。但是要记住,老子相信,柔弱不争,反而是最坚强和无往不胜的,就像他所说的"无为而无不为"那样。

老子不是占有论者,他教导人们,要给予,不要索取;他还使用了一个反常的逻辑,叫做"给予别人的越多,自己得到的也就越多",圣人就懂得这一逻辑:"圣人不积,既以为人,己愈有;既以与人,己愈多。"(第八十一章)理解这样的逻辑,需要一种独特的立场。老子要求在"不足"和"有余"之间建立一种平衡。他认为,天道自然的法则是"用多余的来补充不足的";可是,世间喜欢扩大差别,往往奉行与此对立的做法,"用不足的来扩大多余的"。老子继续教导说,人要"知足",要"少私寡欲"。只要知足了,他就感到富有了("知足者富")。《墨子·亲士》也说出了类似的真理:"非无安居也,我无安心也;非无足财也,我无足心也。"老子和墨子这样的思想,也许让"不知足者"反感,或者让歌德笔下的"浮士德"迷惑不解。

从稀少和缺乏的意义上说,没有谁是不缺乏者。但是,如果他只知道自己缺乏什么,而不知道自己拥有什么,不知道珍惜自己已经拥有的,他就会永远处在不安的状态之中,就会不断地与自己过不去,或者像梁启超所说的那样,不惜以今日之我与昨日之我无休止地决战。在很大程度上,知足感不是基于他不断拥有新的东西,而是基于他已经拥有的东西。他拥有的东西可能有限，可是他觉得已经不少了。"知足"总是相对于已往的情况而言，不是相对于未来更大的希望而言。因此，老子的"知足观"，不能简单从心理上的自我安慰来理解，更不能说是鼓励我们懒惰，让我们放弃追求。他是希望人们在自己的处境和状态之下，要有自我满足和自我肯定的胸怀。

《列子·天瑞》记载，一次，孔子兴致勃勃地游览泰山，遇到了一位名叫荣启期的人。他可能是一位隐士，衣着十分简朴，一边在野地里行走，一边快乐地弹奏和歌唱。孔子好奇地询问他为什么如此快乐。荣启期回答说："吾乐甚多，天生万物，唯人为贵，而吾得为人，是一乐也；男女之别，男尊女卑，故以男为贵，吾既得为男矣，是二乐也；人生有不见日月、不免襁褓者，吾既已行年九十矣，是三乐也。贫者士之常也，死者人之终也，处常得终，当何忧哉？"听了这一番话，孔子评论说：难得啊！真是一位能够自我宽慰的人。

追随老子之道的庄子，安于宁静的生活，一开始就拒绝楚王高官厚禄的聘请。他一边无动于衷地继续钓鱼，一边告诉前来聘请他的楚王的使者，说他宁愿做一个在泥水中自乐的乌龟，请使者赶快离开。庄子是真正能够领会老子告诫的一位哲人："祸莫大于不知足，咎莫大于欲得。故知足之足，常足矣。"（第四十六章）"知足不辱，知止不殆，可以长久。"（第四十四章）

仿佛是一个悖论，老子教导人们何以修身养性，如何保持自己的生命，但他却又教导说，你们不要试图来"养生"，因为它会给你们带来有害的结果（"益生曰祥"）。他甚至教导说，你们不要念念不忘自己的"生命"和"身体"，你们的所有祸患都来自于对自己"身体"的执着："贵大患若身。……何谓贵大患若身？吾所以有大患者，为吾有身。及吾无身，吾有何患！"（第十三章）"夫唯无以生为者，是贤于贵生。"（第七十五章）"无身"不是让人扔掉自己的身体，而仅仅是说不要老是想着自己的身体和生命，使自己处在焦虑不安的状态中。要有一种达观和超然的生命观，即使不必达观到像庄子所说的"齐生死为一"，也可以超然到"忘我"，或者像庄子描述的"坐忘"。

鲁哀公曾经问孔子，他听说有人健忘，严重到搬家时，竟然忘掉了他的妻子。孔子回答说，这还不算严重，真正严重的是"忘了自己"。(《孔子家语·贤君》)担心树叶落下来砸坏自己，焦虑上天崩塌下来将撞坏地，是不可能超然于生命的。人生"难得糊涂"，如果他糊涂到不知道自己是谁，就是高级的遗忘。《列子·周穆王》记载说，宋国有一个"乐忘"的人叫华子，他中年得了严重的遗忘疾病（类似于现在所说的"失忆"）。他的妻子用大半的家产为他请到了一位鲁国的儒者，这位儒者用他那高明的"化心术"医治好了华子。但华子恢复记忆之后的态度出乎所有人的意料："华子曰：曩吾忘也，荡荡然不觉天地之有无。今顿识既往，数十年来存亡、得失、哀乐、好恶，扰扰万绪起矣。吾恐将来之存亡、得失、哀乐、好恶之乱吾心如此也，须臾之忘，可复得乎？"

达观的人生观，能够使人超然面对一切，这反而使他的生命得到了一种最好的安顿。由此可理解《道德经》第七章所说："天长地久。天地所以能长且久者，以其不自生，故能长生。是以圣人后其身而身先，外其身而身存。非以其无私邪？故能成其私。"在老子的笔下，我们看到的是一幅心灵单纯、宽厚不争、淡泊宁静甚至是充满傻气的"愚人相"："荒兮其未央哉！众人熙熙，如享太牢，如春登台。我独泊兮其未兆，如婴儿之未孩，儽儽兮若无所归。众人皆有余，而我独若遗。我愚人之心也哉！沌沌兮！俗人昭昭，我独昏昏。俗人察察，我独闷闷。淡兮其若海，飂兮若无止。众人皆有以，而我独顽且鄙。我独异于人，而贵食母。"（第二十章）

老子的人生榜样是天真纯朴的"婴儿"。婴儿甘其乳汁而别无所求，柔弱而充满着旺盛的生命力，单纯质朴而又情趣无限。人生的奥秘，就在人生最初的婴儿身上；人生的美德，就凝聚在婴儿幼稚的心灵上："载营魄抱一，能无离乎？专气致柔，能婴儿乎？涤除玄览，能无疵乎？……天门开阖，能为雌乎？明白四达，能无为乎？"（第十章）

《老子》第三十六章有一段话，好像是教人狡猾，教人玩弄阴谋诡计。这段话说："将欲歙之，必固张之；将欲弱之，必固强之；将欲废之，必固兴之；将欲夺之，必固与之。是谓微明。……鱼不可脱于渊，国之利器不可以示人。"韩非的解释是，麻痹对手，使之丧失警惕，最后加以清灭。例证是越王勾践卧薪尝胆，最终消灭了吴国。但王弼不同，他从治国的意义上来理解这段话。他认为"四欲四必"，是用来消除国家的亡命之徒和暴乱分子。

"利器"是指治国的法宝。"国之利器不可以示人"，是说治国要遵循事物的本性，而不是任用刑罚。老子有两段话说："圣人无常心，以百姓心为心。善者，吾善之；不善者，吾亦善之，德善。信者，吾信之；不信者，吾亦信之，德信。"（第四十九章）"圣人常善救人，故无弃人；常善救物，故无弃物。"（第二十七章）根据这两段话，你很难说老子教导人们玩弄阴谋。善于为刘邦出谋划策的陈平，坦称他策划了许多阴谋，这是道家所忌讳的。按照陈平的理解，老子并不教导人们玩弄阴谋诡计。我们更愿意在军事的意义上来看待老子的这段话。老子不是好战派，但当战争变得不可避免时，他主张要想尽一切办法迅速瓦解敌人，这同"以奇用兵"的作战方法是一致的。

在人类行为和事务方面，老子教导要进行合理和明智的选择，用他的话来说就是要"善于"从事一切活动。下面这三段话值得聆听和细细玩味："善行无辙迹，善言无瑕谪，善数不用筹策，善闭无关楗而不可开，善结无绳约而不可解。"（第二十七章）"居善地，心善渊，与善仁，言善信，正善治，事善能，动善时。"（第八章）"善建者不拔，善抱者不脱。"（第五十四章）

老子告诉我们，圣人的高超之处，就是他完成了伟大功业而从不居功。《道德经》第七十七章说："是以圣人为而不恃，功成而不处。"这十分合乎"道"或"天道"的法则，它是创造而不占有，功成而身退。

帮助刘邦打下天下的张良，受到过老子思想的影响，后来他明智地选择了退隐的生活。联想到汉朝开国功臣兔死狗烹的遭遇，我们恐怕都会佩服张良的先见之明吧。这不是孤立的例证。春秋时期的范蠡，在帮助越王征服吴国后，非常及时、也非常明智地结束了自己的政治生涯。范蠡是对天道和人道有很高领悟的人，他和老子的思想存在着联系。

李斯是一个相反的例子。他是荀子的学生，他辞别老师到秦国后，在那里经营了多年，权势曾登峰造极。他不时引用老师的话来提醒自己。《史记》记载说："三川守李由告归咸阳，李斯置酒于家，百官长皆前为寿，门廷车骑以千数。李斯喟然而叹曰：'嗟乎！吾闻之荀卿曰"物禁大盛"。夫斯乃上蔡布衣，闾巷之黔首，上不知其驽下，遂擢至此。当今人臣之位无居臣上者，可谓富贵极矣。物极则衰，吾未知所税驾也！'"（《史记·李斯列传》）但他就是不能遵循他的老师的教导去行动，或者按照老子的指示，做出明智的选择。结果，他和他的儿子一起被带到了刑场，此时，他对儿子说的话竟是："吾欲与若复牵黄犬俱出上蔡东门逐狡兔，岂可得乎！"（《史记·李斯列传》）

老子宣扬非常低调的处世哲学。有关含蓄、不露锋芒方面，他教导人们说："挫其锐，解其纷，和其光，同其尘，是谓玄同。"（第五十六章）"圣人方而不割，廉而不刿，直而不肆，光而不耀。"（第五十八章）有关虚心、谦虚方面，他教导说："不自见，故明；不自是，故彰；不自伐，故有功；不自矜，故长。"（第二十二章）"知人者智，自知者明。"（第三十三章）"知不知，上；不知知，病。夫唯病病，是以不病。圣人不病，以其病病，是以不病。"（第七十一章）不要将自信与谦虚对立起来。谦虚不是自卑，谦虚能够包含一切，它能够使自己永远处于不败之地。老子欣赏浩瀚的大海,欣赏深不可测的山谷,就是因为它们都具有广泛的包容性。并非只是老子才赞美谦虚理性,《周易》六十四卦中有一个"谦"卦,它是唯一每一爻都吉利的卦。"满招损,谦受益"的名言,也是规劝人们要保持谦虚的理性。

老子的高级智慧,是玄妙的,而又非常朴实和实在;是反常的,但又道出了宇宙和事物的真谛;是看似矛盾的,但又融洽无碍。老子说,他的话既容易理解,也容易实行;但要真正理解和实行,又非常不容易。老子说:"上士闻道,勤而行之;中士闻道,若存若亡;下士闻道,大笑之。不笑不足以为道。"(第四十一章)

人们一直试图揭示老子学说的深刻奥妙,但老子一开始就预测说,懂得他的人,可能是稀少的。如果有人真正能够遵循他的话而行动,那就十分可贵了。

七、影响和活用

中国古代智慧的展开,是由经典引导的。无数的注释家,不断通过注释经典,来提出自己有创见的思想。《老子》这部书,只有五千余言,由于它的高度和深度,使其影响源远流长。通过这部书,老子开创了道家。这部书,成为后来道家哲学不断发展的源头活水。在中国经典注释的历史中,老子《道德经》是被注解最多的经典之一。人们可以写出一部很大的老子学说史,也可以提出一个老学解释学。东西方文化交流之后,老子《道德经》又成为彼此交流的一个重要桥梁。世界上的老子的研究者和爱好者,将《道德经》翻译成了不同的语言,其版本不计其数,围绕老子展开的探讨层出不穷。人们可以写出一部《道德经》翻译史,也可以写出一部老子思想的世界传播史。

《庄子·天下》解释老子的思想(还有他的弟子关尹的思想)说:"以

本为精,以物为粗,以有积为不足,澹然独与神明居。古之道术有在于是者,关尹、老聃闻其风而悦之。建之以常无有,主之以太一。以濡弱谦下为表,以空虚不毁万物为实。"

这一解释,说明了老子思想的主旨,也引用了《老子》一书中能够代表老子思想的一些话。早期的道家哲学,不管是关尹子、列子、杨朱和庄子等代表的个人自我哲学,还是慎到、彭蒙、田骈等(还有著作《管子》《黄帝四经》等)代表的黄老哲学,无不受到《老子》一书的影响。先秦的不少典籍,多引用《老子》的话,特别是《庄子》和《文子》,引用颇多。韩非最先为《老子》一书作注,他的《解老》和《喻老》开启了《老子》的注解史。

司马谈、司马迁父子的《论六家要旨》,还有后来的《汉书·艺文志》,都对老子和道家思想有所概括,颇得其旨。《论六家要旨》说:"道家使人精神专一,动合无形,赡足万物。其为术也,因阴阳之大顺,……与时迁移,应物变化,立俗施事,无所不宜,指约而易操,事少而功多。……道家无为,又曰无不为,其实易行,其辞难知。其术以虚无为本,以因循为用。无成执,无常形,故能究万物之情。不为物先,不为物后,故能为万物主。"《汉书·艺文志》也说:"道家者流,盖出于史官,历记成败存亡祸福古今之道,然后知秉要执本,清虚以自守,卑弱以自持,此君人南面之术也。"

老子哲学也深深影响了汉代人。从汉初的黄老学,到东汉王充的自然哲学,再到早期道教,《老子》一书在汉代已具有了经典的地位。魏晋玄学复兴道家,首先是复兴老子的思想,首先是对《老子》做出了新的阐释。年轻的王弼,留下了不朽的《老子道德经注》,留下了精妙的《老子指略》,建立了哲理性十足的"以无为本"的玄学。在唐代,《老子》一书更受到官方的重视。开元二十一年(733年),玄宗令全国上下家家备藏《老子》一册,他还亲注《道德经》(《道德真经注》),开皇帝亲注《老子》之先河。

宋元明清时期，由于印刷术的进步，由于文化的发展，注释《老子》的著作大量出现。《老子》一书的传播，更加普遍。不少人文学者、道教徒，还有佛教徒，都纷纷注释和阐发《老子》。比如王安石的《老子注》（有辑录本）、苏辙的《道德真经注》、林希逸的《老子鬳斋口义》、范应元的《道德经古本集注》、吴澄的《道德真经》、焦竑的《老子翼》、王夫之的《老子衍》、魏源的《老子本义》、严复的《老子道德经评点》等等，不一而足[8]。继唐玄宗之后，这一时期，还有三位皇帝热衷注释《老子》。宋徽宗有《道德真经解义》，明太祖有《御注道德真经》，清世祖有《御注道德经》。

《老子》一书在历史上被不断地学习、注释和研究，说明了它的重要性和影响；也正是在众多的解释中，《老子》一书的哲理、精义和智慧，不断被揭示和呈现出来，不断地被活用。《四库全书总目》"子部"将"道家"类著作的主旨概括为："要其本始，则主于清静自持，而济以坚忍之力，以柔制刚，以退为进。"道家的这一主旨，则本于《老子》一书。注释《老子》这一久远的传统，近代以来仍在持续，而且具有了更大的世界性空间。

八、底本、校本及注释体例

最后说明一下这本书的底本选择和注释体例。

这部《老子》注释本，以中华书局刊行的王弼注、楼宇烈先生校释的《老子道德经注》（2011年）为底本。选择它作为底本，基于三点：一是王弼的《老子道德经注》影响深远，至今仍传播广泛。二是此本以浙江书局所据的华亭张氏校刻本为底本，它是历史上保存下来的最完整的王弼的《老子道德经注》本（简称"王弼本"）。三是郭店竹简本、帛书甲乙本、汉简本这四种《老子》，虽然是迄今所知最早的几种《老子》抄本，格外重要；还有敦煌本（包括想尔注本），传世的汉代河上公本、严遵本，唐代的傅奕本等，也很重要，各有千秋，但同王弼本相比，看不出哪一个本子的来源最早，也不能说何者整体上优于王弼本。因此，以楼宇烈先生校释的《老子道德经注》为底本是可行的。由于所列其他抄本的重要性，这里将它们都作为主要的校勘参考本。注释中引用书后参考文献，不再标注版本情况。

本书注本简称《老子》，分"上篇"和"下篇"，各章标以"第 × 章"。为了清晰起见，根据每一章的层次、内容和意义作了分节，标点符号也有所变化。各章内容，包括原文、注释、主要异文的对比、大意、点评和夹评等。

校勘的主要原则是，虚字上的差异一般不作说明；对部分重要的异文，做出对照和比较；对明显的错讹，做出校订说明和校正。王弼注中所引《老子》原文，同流传下来的王弼本《老子》原文，有一些不一致。根据帛书本等可知，这是因为流传下来的王弼本《老子》原文，后人有所改动⑨。这种情况也做出校正。校正后的经文在正文里给出，原经文在后面加括号表示。注释中对情况做出说明。

本书用于校勘的主要版本，郭店楚竹简《老子》，简称"郭店本"；马王堆汉墓帛书《老子》合称"帛书本"，分称"帛书甲本""帛书乙本"；北京大学藏汉简本《老子》，简称"汉简本"；河上公的《老子道德经河上公章句》，简称"河上公本"；严遵的《老子指归》，简称"严遵本"；《老子想尔注》，简称"想尔注本"；傅奕的《道德经古本》，简称"傅奕本"；传世的这四种本子，合在一起统称"今本"；敦煌五千文《老子》甲本，简称"敦煌甲本"⑩。

本书在非常有限的时间中撰出。我要向楼宇烈先生，向白奚、李四龙教授致以诚挚的谢意，他们审阅了书稿，并提出了重要的意见和建议。

此外，我也要感谢我的学生叶树勋、陈之斌和苗玥，他们帮助作了校订。

① 参阅河南省文物考古研究所、周口市文化局编《鹿邑太清宫长口子墓》，中州古籍出版社 2000 年版。
② 参阅唐兰《老聃的姓名和时代考》，见《古史辨》第四册，海南出版社 2005 年版，第 225—226 页；高亨《〈老子正诂〉前记》，见《古史辨》第四册，第 237 页—238 页；《史记老子传笺证》，见《老子正诂》，古籍出版社 1956 年版，第 156—159 页。
③ 《老子校诂》，"民国丛书"第五编，上海书店 1989 年版，第 447 页。
④ 见荆门市博物馆《郭店楚墓竹简》(文物出版社 1998 年版)、《马王堆帛书汉墓帛书》[壹] (文物出版社 1980 年版)、《长沙马王堆汉墓简帛集成》(中华书局 2014 年版)、《北京大学藏西汉竹书》[贰] (上海古籍出版社 2012 年版)。
⑤ 有关《老子》不同抄本和传本的汇编，新近的有《老子集成》(15 卷)(宗教文化出版社 2011 年版)，收录自战国以来的《老子》传本和注疏本 265 种之多。
⑥ [美]汉密尔顿、杰伊、麦迪逊《联邦党人文集》，程逢如、在汉等译，商务印书馆 2004 年版，第 264 页。
⑦ [英]阿克顿《自由与权力》，侯健、范亚峰译，商务印书馆 2001 年版，第 342 页。
⑧ 有关历史上《老子》的主要注释著作，参阅陈鼓应《老子今注今译》，商务印书馆 2007 年版，第 478—483 页。
⑨ 这方面的例子不少，楼宇烈先生在《老子道德经注》中华书局 2011 年版的"校释说明"中列出了部分例子。
⑩ "敦煌甲本"，依据朱大星《敦煌本〈老子〉研究》(附录一)，中华书局 2007 年版，第 340—352 页。

老子

上 篇

第一章

道可道[1]，非常道[2]；名可名[3]，非常名[4]。无名万物（天地）之始[5]，有名万物之母[6]。故常无欲以观其妙[7]，常有欲以观其徼[8]。此两者同出而异名[9]，同谓之玄[10]。玄之又玄[11]，众妙之门[12]。

有、无，道之两端。有言其实，无言其虚。

常道无限，万有之源。

[注释]

[1]道：原义为"路"，引申为实在、规律和法则等。"道可

道"的第一个"道"字，指具体事物的规律和法则；第二个"道"字指言说、言谈。　[2]常道：永恒之道，指事物的根本、普遍的规律和法则。"常"，原作"恒"（传世本因避汉文帝刘恒讳而改，大多如此），义同。　[3]名：指名字、名称。"名可名"的第一个"名"字，指具体事物的名称；第二个"名"字，指命名、取名。　[4]常名：即"恒名"，指根本或恒久的名称，义同"恒道"，亦是"无名"之"名"。　[5]无：同"有"相对，指没有、不存在。这里指道的"虚无"，它是万物或天地的创始。万物之始：王弼本作"天地之始"，即天地的根源。在老子思想中，"天地"也是"道"创造的，它是万物中的两种，但又是非同寻常的两种。用它们作为万物的象征，义理上也说得通。"天地"，河上公本、傅奕本、敦煌甲本同，帛书本、汉简本作"万物"，王弼注文亦作"万物"，原抄本当作"万物"。今据改。　[6]有：同"无"相对，指存有、存在。哲理上的"有"，指"道"不是纯粹的空无、虚无，它是最高的实有和实在。万物之母：即万物的根源。　[7]常无：即"恒无"，指"道"的无形、无象和不可感知性。欲以：想借此。妙：神妙、奇妙。　[8]常有：即"恒有"，指"道"的最高实有性和实在性。徼（jiào）：边际、界限。　[9]两者：即"常无"（或"无"）和"常有"（或"有"）。　[10]玄：深奥。　[11]玄之又玄：深奥又深奥或深远又深远。"玄之又玄"，汉简本作"玄之又玄之"。"之"字起调节音节作用，无实义。其他诸本同王弼本。　[12]众妙：万物的神妙或奇妙。门：创生万物的根源。

[点评]

这一章的内容，一是区分可说之道与不可说之常道、可命名之名与不可命名之常名的不同；二是区分道的"有"（"常有"）和"无"（"常无"）同"万物"的不同；

三是区分"道"与"万物"的不同。本章的大意是:"道"如若可以言说,它就不是恒常的道;"名"如若可以用来命名,它就不是恒常之名。"无"指称万物的创始,"有"指称万物的来源。因此,人们想通过"常无"去领会道产生万物的奥妙,想通过"常有"去领会道与万物的界限。"常无"和"常有"这两者都出于"道",而其名称不同。两者都可以称之为深奥。"道"是深奥又深奥,它是万物和一切神妙变化的总根源。

理解这一章,首先要知道,《道德经》今本的顺序是《道经》在前,《德经》在后;或相应于此,分上篇和下篇。出土帛书《老子》甲乙两本,分"德"和"道"两篇;汉简本《老子》分"老子上经"和"老子下经"。这种抄本都是《德经》在前,《道经》在后。《韩非子·解老》也以《德经》开始。按"道德"思想的逻辑,《道经》在先合理。《老子》一书的最早编排顺序,实际上是《德经》在前。

理解这一章,还要知道,此章句读不一,义理高深。句读不同,义理的解释自然也不同。句读上的分歧,一是"无名""有名"应连读,还是将之断为"无,名……""有,名……"二是"常无欲""常有欲"应连读,还是将之断为"常无,欲以……""常有,欲以……"宋代以前的汉唐句读,采取连读;宋代王安石等断开句读。今人的句读,两者皆有。帛书《老子》甲乙本,"欲"字后多一"也"字,似乎为连读提供了文字上的根据。实际上,从文字上,尤其是从义理上看,断开句读更为可取。

关键的地方是,老子的"道"同"有无"究竟是什么关系。老子的"有无",同王弼的"以无为本"的"有无",明显不同。老子的"有""常有"和"无""常无",是"道"的两个方面。"无"或"恒无",强调"道"作为万物根本的无形、无象,强调"道"不是具体事物,它没有可感性;"有"或"恒有",强调"道"作为万物的根本,是最高实在,是实有,它不是纯粹的"空",不是"虚无"。

郭店本《老子》第四十章,同其他诸本有别,作"天下万物生于有,生于无",这提供了"有""无"同属于"道"的文本支持。传世本"有生于无"的"有",是增益的。《庄子·天下》称老子和关尹的思想是"建之以常无有"。"常无有"即"常无"和"常有"。这是"常无""常有"应当连读的又一力证。

《老子》中"道隐无名"的"无名",也不同于王弼的"有名"和"无名"。它强调"道"没有具体事物那样的名称,强调道的"隐而不显"(无形、无象)。还有,老子主张"无欲",批评"有欲"。"有欲"不合老子思想。

文字上,帛书甲、乙本"常无欲也""常有欲也"的两个"也"字,其他传世抄本没有,汉简本也没有。先秦典籍,不乏"欲以"这样的搭配。如《庄子·大宗师》说"吾欲以教之,庶几其果为圣人乎";《韩非子·外储说右上》说"有道之士怀其术,而欲以明万乘之主"等。

"道"是老子也是整个道家哲学的最高概念。《老子》第一章的主要概念,一是"道"或"常道",一是"有"和"无"。老子说"道"或"恒道"不可言说,它是一个"恒名",它至深至妙,它是万物的根源。

形而上学一般都区分两种东西：一是绝对的本根，一是具体的事物。《老子》第一章也有这种区分：一是"道"或"常名"的本根世界，一是具体事物、具体之名的世界。前者是后者的基础，后者奠基于前者。前者超越具体的经验事物，不可用经验和感知去把握；后者是经验的世界，它可以感知，可以用具体的名称去命名。前者是无限的，它具有无穷的可能性，它是具体事物的基础；后者以它为基础，是它的分化。《庄子·知北游》说："视之无形，听之无声，于人之论者，谓之冥冥，所以论道而非道也。……道不可闻，闻而非也；道不可见，见而非也；道不可言，言而非也！知形形之不形乎！道不当名。"

"有无"是老子也是道家哲学的重要概念。老子的"有"和"无"，主要有三层意思：一是指"道"的既实有又无形的特征，这是"道"的两个方面，"无"不高于"有"，也不等于"道"；二是指具体事物的存在和不存在及其相互转化；三是指具体事物的实处和虚处，指条件、作用及其统一体。

《老子》第一章还有一个重要概念——"玄"。这一章的"玄"，一是指"有无"的深奥，二是指"道"的深奥和深远。其他章节的"玄"，都是用作修饰语，如"玄牝""玄通""玄德""玄同"等。

第二章

万物皆相待。

天下皆知美之为美[1]，斯恶已[2]；皆知善之为善[3]，斯不善已[4]。故有无相生[5]，难易相成[6]，长短相形（较）[7]，高下相倾[8]，音声相和[9]，前后相随[10]。

包容开放，功成不居。

是以圣人处无为之事[11]，行不言之教[12]，万物作焉而不始（辞）[13]。生而不有[14]，为而不恃[15]，功成而弗居[16]。夫唯弗居[17]，是以不去[18]。

[注释]

[1]美：美丽、漂亮。与"丑"相对。为：是。 [2]斯：就，则。"斯"，郭店简本、帛书本、汉简本无，其他诸本同王弼本。恶：丑。与"美"相对。已：句末语言词，义同"矣"。 [3]善：好，美好。与"不善""恶"相对。 [4]不善：即"恶"，坏，不

好。与善相对。"皆知善之为善，斯不善已"，郭店本作"皆知善，此其不善已"，帛书本作"皆知善，斯不善矣"，其他诸本同王弼本。　[5] 有：存有。无：没有。"故"，河上公本、傅奕本、汉简本同，郭店本、帛书本、敦煌甲本无此字。此章的"有无"与第一章和第四十章的用法不同，后两者是对具体事物而言。　[6] 成：形成。　[7] 形：显示，对照。《淮南子·齐俗训》说："短修之相形也。""相形"，王弼本作"相较"，诸本皆作"相形"。作"相形"于文为长。今据改。　[8] 倾：原作"盈"。盈：包含。《公孙龙子·坚白论》说："其白也，其坚也，而石必得以相盛盈。""相倾"，汉简本、河上公本、傅奕本、敦煌甲本同，帛书本作"相盈"。作"相倾"是避汉惠帝刘盈讳而改。　[9] 音：有节奏的声音。声：单一的声响。和：调和，和谐。　[10] 随：伴随，跟随。帛书本"前后相随"后有"恒也"。"前后"，河上公本、傅奕本同，郭店本、帛书本、汉简本、敦煌甲本作"先后"。义同。　[11] 是以：因此，所以。是：代词，相当于"这"。以：连词，相当于"因为"。圣人：具有高超智慧的人，卓越的君王。圣人是《老子》中的关键词，用例很多。处：治，施行。无为：不干涉，不独断专行。　[12] 不言：不发号施令。　[13] 作：兴起。始：治理。《诗·大雅·灵台》说："经始灵台，经之营之。""始"，王弼本作"辞"，意思是起始、首要。河上公本、汉简本作"辞"，其他本作"始"。作"始"于文于义为长。今据改。　[14] "生而不有"句，疑袭《老子》第五十一章而入。郭店本、帛书本、汉简本、敦煌甲本无。　[15] 为（wèi）：助，帮助。恃：凭借，不自恃有劳。　[16] 弗：不。居：占，占有。　[17] 唯：因为。　[18] 不去：不失其功绩。

[点评]

这一章的主要内容，一是讲述事物相反相成、相互依赖的关系；二是讲述圣人实行无为而治，不自居其功。本章的大意是：天下人都知道什么是美，那是因为他们已经知道了什么是丑；都知道了什么是善，那是因为他们已经知道了什么是恶。有和无是相互依赖而产生的，艰难和容易是相互依赖而形成的，长和短是相互比较而显示出来的，高和下是相互比较而包含的，音乐和声响是相互依赖而产生的和谐，前和后是相互伴随而有的顺序。因此，圣人遵循事物的相互依赖关系，施行不干涉的无为治理，推行无言的教化。万事万物兴盛了，他不争先；他辅助万物而不自恃有德，他对万物有所成就而不自居有功。正是因为圣人不居其功，他的功绩反而不会被泯灭。

《老子》富有相互依存、相反相成的思想。美丑、善恶、有无、难易、长短、高下、音声、前后，彼此相反，又相互依赖。没有一方，就没有另一方。掌握万物相互依存、相反相成的奥妙，便能在相反的东西中获得力量。《庄子·知北游》说："是其所美者为神奇，其所恶者为臭腐。臭腐复化为神奇，神奇复化为臭腐。"

"无为"表面是不做什么，看起来消极，也容易被误解。《淮南子·修务训》解释说："或曰：'无为者，寂然无声，漠然不动，引之不来，推之不往。如此者，乃得道之像。'吾以为不然。"又说："夫地势水东流，人必事焉，然后水潦得谷行；禾稼春生，人必加功焉，故五谷得遂长。听其自流，待其自生，则鲧禹之功不立，而后稷之智不用。"

"无为"不是无所作为，不是无所事事。它是指不干涉，不控制；指统治者约束权力，不滥用权力，秉要执本，因循、顺应万物。"无为"也是"为"，也要"做"；"处无为之事"就是"为无为"。君王掌握着无限的权力，实行"有为"容易，实行"无为"难于上天。《淮南子·修务训》深得"无为"之旨："若吾所谓无为者，私志不得入公道，嗜欲不得枉正术，循理而举事，因资而立，权自然之势，而曲故不得容者，事成而身弗伐，功立而名弗有，非谓其感而不应，攻而不动者。"《淮南子·原道训》也说："无为为之而合于道，无为言之而通乎德。""所谓无为者，不先物为也；所谓无不为者，因物之所为。所谓无治者，不易自然也；所谓无不治者，因物之相然也。"

老子的"无为"，有很多具体表现，柔弱、不争、清静都是。这一章的"行不言之教"是其一。老子主张少言，少发号施令，认为"无为"统治最有效（"无不为"）。统治者有德、有功，不沾沾自喜；百姓铭记在心，不用歌功颂德。弗洛伊德说，人的动机一是满足本能，二是渴望伟大。罗素极力称赞老子的"生而不有"精神，说它鼓励人的创造冲动，减少人的占有冲动。

第三章

很多欲求都是被刺激出来的。

生活其实很简单。

不尚贤[1]，使民不争；不贵难得之货[2]，使民不为盗；不见可欲[3]，使民心不乱[4]。

是以圣人之治，虚其心[5]，实其腹[6]；弱其志[7]，强其骨[8]。常使民无知无欲[9]，使夫智者不敢为也[10]。为无为[11]，则无不治。

[注释]

[1]尚贤：推崇贤能。"尚"，河上公本、傅奕本同，其他诸本作"上"。"上"通"尚"。《战国策·赵策三》说："彼秦者，弃礼义而上首功之国也。" [2]贵：重视，珍惜。难得之货：稀有的财货。 [3]见（xiàn）：显现。可欲：能激起欲望的东西。 [4]"心"，帛书本、敦煌甲本无，其他诸本同王弼本。汉简本、河上公本、想尔注本作"使心不乱"，帛书本作"使民不乱"。王弼

本、傅奕本作"使民心不乱",应为原文。乱:昏乱,惑乱,混乱。 [5]虚:淡泊,宁静。老子尚虚,《老子》第十六章有"致虚"的概念。 [6]实:饱。 [7]弱:减少,削弱。志:心志,志向。 [8]强:使强健、健壮,增强。 [9]知:知识。 [10]智:才智,聪明。 [11]为:行,施行。

[点评]

这一章的内容主要是否定一般性的"有为"治理,实行高超的"无为"治理。本章大意是:统治者若不去推崇贤能,就能使人民不去争夺名位;若不去珍视少有的财物,就能使人民不去从事盗窃活动;若不去显露激起人们欲望的东西,就能使人心不产生惑乱。因此,圣人的治理,能使人民保持心灵的淡泊和宁静,让人民丰衣足食,减少不必要的欲望,增强体质,常常使他们保持纯朴,少识少欲,也使那些自以为聪明的人不敢去斗智取巧。统治者如果真能奉行无为、清静和不干涉的治道,他就会把国家的一切都治理好。

崇尚贤能、智能,追求财物,激发人们的积极性,是常规治理,是"有为"的治理。"有为"的治理,不但从根本上治理不好,还会引起人民的不安和争夺。"无为"之治,是根本之治,使人民生活满足,体格健全,心灵单纯,宁静幸福。

第四章

> 万物有根有源。"道"是根,"道"是源。

道冲[1],而用之或不盈[2]。渊兮似万物之宗[3]。挫其锐[4],解其纷[5],和其光[6],同其尘[7]。湛兮似或存[8]。吾不知谁之子[9],象帝之先[10]。

[注释]

[1]冲:即冲、虚。"冲",帛书甲本残缺,帛书乙本作"冲",傅奕本作"盅"。俞樾指出,借"冲"为"盅"。盅,器虚。(《老子平议》,见《诸子平议》,第144页)"冲",原作"盅"。 [2]"或",帛书甲本残损,帛书乙本、汉简本作"有",想尔注本、傅奕本、敦煌甲本作"又"。或:借为"又""有"。此处"或不盈"应为"又不盈"。盈:满,充满。"盈"押韵,众本不避讳;傅奕本改"满",失韵。 [3]渊:深,深邃。宗:宗主,本原。 [4]挫:摧折,折损。 [5]解:排除,消除。纷:纠纷,错乱。"纷",郭店本、帛书本、汉简本、河上公本、傅奕本同,想尔注本、敦煌甲本作

"忿"。原抄本当为"纷"。《战国策·赵策三》说:"所贵于天下之士者,为人排患、释难、解纷乱而无所取也。""忿",于义亦通。　[6]和:调和。　[7]同:混同。帛书本、汉简本、传世本、敦煌甲本皆有"挫其锐,解其纷,和其光,同其尘"之句,重出于《老子》第五十六章。此处割断上下文之义,疑为袭《老子》第五十六章而入。　[8]湛:隐晦不明。《战国策·魏策一》说:"物之湛者,不可不察也。"　[9]吾:我。《老子》中使用了许多第一人称的"吾""我"。有时指作者自己,有时指称统治者。　[10]象:好像。帝:天帝。先:早先。

[点评]

这一章主要讲述"道"的特性。本章大意是:道是最大的空虚,它可以无限地被使用,而又始终不自满。道深邃无比,好似万物的宗主。折去锐利的锋芒,消除错乱纠纷,对自己的才德含而不露,浑然同世俗相处。道隐晦不明,好似又很实在。我不知道它来自哪里,它非常久远,好像在天帝之前就有了。

老子的"道"具有"虚"的特征,它有一个隐喻叫"谷神"。"谷神"表示的就是"道虚"。"道虚"能包容一切,因此它又是最大的充盈,取之不尽,用之不竭。但"道"从不自满。这又是"道"的美德。"道"深邃、隐晦,但它非常实在,是万物的本原,是一切事物的开端,它比最古老的"帝"还要古老。

第五章

善待万物，善待他人。

爱心广布，天下一家。

天地不仁[1]，以万物为刍狗[2]；圣人不仁，以百姓为刍狗。

天地之间，其犹橐龠乎[3]？虚而不屈[4]，动而愈出[5]。

多言数穷[6]，不如守中[7]。

[注释]

[1]天地：古代中国的两个主要思想概念。在儒家思想中，两者有时指创造万物的两种实体和力量。在老子思想中，天地总体上隶属于"道"，是万物中的两种；但其地位和作用非同一般，有时也被作为类似于"道"的价值。不仁：不偏爱，不偏私，一视同仁。仁，即爱，是儒家的主要价值概念。 [2]刍狗：用刍草扎成的狗，供祭祀等仪式使用，用后弃之，比喻轻贱。《庄子·天

运》说："夫刍狗之未陈也，盛以箧衍，巾以文绣，尸祝斋戒以将之。及其已陈也，行者践其首脊，苏者取而爨之而已。" [3] 橐龠（tuó yuè）：鼓风器具，即风箱。橐：鼓风装置。龠："籥"的本字，风箱中的吹风管。《庄子·大宗师》中有"以天地为大炉"的说法，《管子·宙合》中有"天地万物之橐"的说法。 [4] 不屈（jué）：不竭，不尽。屈：竭，尽。《荀子·王制》说："使国家足用，而财物不屈。" [5] 动：拉动。 [6] "多言"，帛书本、汉简本作"多闻"，其他诸本同王弼本。数（sù）：通"速"。 [7] 中：意思非儒家中庸、中和之中。借为"冲"，即虚。"如"，帛书本、汉简本作"若"。

[**点评**]

　　这一章主要讲述不偏心、虚和守虚。本章大意是：天地不偏心，不偏爱，对待什么都一样；同样，圣人也不偏爱，不偏私，对待百姓谁都一样。天和地之间，不就像一个风箱吗？它中间空虚，所产生的风用之不尽，推拉越快，排出的风就越多。政令繁苛，很快就会陷入困境，不如保持虚静，不加干涉。

　　说天地和圣人不仁，以万物为实用性的"刍狗"，看似不爱不亲，实则强调"大爱""大亲"。如同《庄子·齐物论》所言——"大仁不仁"；亦如同书《天运》和《庚桑楚》所说——"至仁无亲"。大爱、大亲，公而全，没有范围，没有偏心，没有差别。这是天地的大德，这是圣人的大德。

　　天地类似风箱，虚而尽有；圣人虚心，一视同仁。莫用繁苛的政令控制人，莫要约束人；学习圣人，包容天下，宽厚待民。

老子主张"不言""希言"，反对"多言"。《说苑·敬慎》所载《金人铭》，是老子思想来源之一，其中有"无多言，多言多败"句。

第六章

谷神不死[1]，是谓玄牝[2]。玄牝之门[3]，是谓天地根[4]。绵绵若存[5]，用之不勤[6]。

伟大的母性孕育一切。

[注释]

[1]谷神：太虚神。"道"的隐喻。《庄子·知北游》有"不游乎太虚"之言。谷：山谷，此处用为虚。《大戴礼记·易本命》记："丘陵为牡，谿谷为牝。"　[2]是谓：即"谓是"，意思是称此。玄牝：创生万物的母性、雌性，指"道"。玄：幽深，玄妙。牝：母性，雌性。　[3]门：阴道，生殖器。喻指"道"的无限创生力。　[4]根：根源，本原。　[5]绵绵：微细连绵的样子。《战国策·魏策一》记载：《周书》曰："绵绵不绝，蔓蔓奈何？毫厘不伐，将用斧柯。"　[6]勤：尽，穷竭。《淮南子·原道训》说："旋县（作'绵'）而不可究，纤微而不可勤。"高诱注说："县，犹小也；勤，犹尽也。"在帛书本和汉简本中，这一章与传世本的第七章合为一章。

[点评]

这一章主要讲述"谷神""玄牝"的特征和美德。本章大意是:无限的太虚之神是永恒的,它叫作玄妙的母性。玄妙的母性,它可以称为天和地的根源。玄妙的母性纤细微弱,好像一般的东西那样存在着,但它的生育力无穷无尽。

《老子》一书,不言历史人物,不言历史事件,喜欢用隐喻指"道",喜欢诉诸象征说"道"。以"道"为谷神,以"道"为玄牝。"谷神"是"大山谷""大川谷",空虚能容,容纳河流,容纳森林。玄牝是伟大的母性和雌性,它能生育一切,能生天生地。

常人颂扬充实,颂扬拥有和实用;老子颂扬空虚,颂扬源泉,颂扬无限的创造力。

第七章

天长地久。天地所以能长且久者[1],以其不自生[2],故能长生[3]。

是以圣人后其身而身先[4],外其身而身存[5]。非以其无私邪[6]？故能成其私[7]。

忘掉自己,充实自己。

放弃一己之小,成就一己之大。

[注释]

[1]所以:什么的原因。且:与,及。 [2]以其:因它。自生:贪求自己的长生。 [3]长生:恒久存在。 [4]后其身:甘居人后。身:己,自己。"后",传世本、汉简本、敦煌甲本同,帛书本作"退"。义近。 [5]外其身:自外其身,置己于度外。 [6]非以:不因。无私:不为狭隘的自为所束缚。《庄子·天道》载:"孔子曰:'中心物恺,兼爱无私,此仁义之情也。'老聃曰:'意,几乎后言! 夫兼爱,不亦迂乎! 无私焉,乃私也。'"邪:句末语气词,表示反问,相当于"吗"。这里老子认为儒家的兼爱无私是一种

私。 [7]成其私：成就自己。私：自己。

[**点评**]

　　这一章讲述天地为什么能够长久，讲述圣人如何成就自己。本章大意是：天和地长存常在，恒久不衰。它们之所以能够如此，这是因为它们不惟自己的生存是图，所以它们反而能够长久存在。圣人深知这个道理，因此，他先人后己，反而被人拥戴；他置身于外，反而会立于不败之地。这难道不是因为他无私吗？所以，无私反而能最好地成就他自己。

　　事物的存在，时间上有久暂之别，各有其限；空间上有大小之分，各有其宜。人的生命有时限，情感上偏爱久生，以长寿为福。天地悠悠，恒久不已，是天地的自然特性。老子赋予天地"忘我""舍己"的美德，用天地为人类立法。

　　圣人效法天地的美德，忘我舍己，不计名利，最受人们的爱戴，成就了他的大我。放弃，反而能真正拥有；不争，反而可得到最多。看似矛盾的地方，蕴含着人间的真谛。爱因斯坦说："一个人的真正价值首先取决于他在什么程度上和在什么意义上从自我解放出来。"（《爱因斯坦全集》第三卷，商务印书馆2010年版，第48页）

第八章

上善若水[1]。水善利万物而不争[2],处众人之所恶[3],故几于道[4]。

居善地[5],心善渊[6],与善仁[7],言善信[8],正善治[9],事善能[10],动善时[11]。

夫唯不争[12],故无尤[13]。

人人与人为善、成人之美,人人都是慈善家。

善于选择,善于实行,心想事成。

[注释]

[1]上善:上等的善,至善。上:上等,至。义同《老子》第三十八章的"上德""上仁""上义"之"上"。 [2]善:善于。利:有利,利于。不争:不争夺,谦让。"不争",帛书甲本作"有静",帛书乙本、汉简本作"有争"。"有争"错误;"有静"义虽通,于文恐错讹。其他诸本同王弼本。 [3]处:居,位。恶(wù):厌恶,不喜欢。 [4]几:接近。义同《老子》第六十四章"常于几成而

败之"的"几"。　[5]居：居住，居处。地：地方，位置。　[6]心：思考。渊：静。《庄子·在宥》说："渊默而雷声""其居也，渊而静；其动也，县而天。"《庄子·天地》说："渊静而百姓定。"　[7]与（yǔ）：给予。义同《老子》第三十六章"将欲夺之，必固与之"的"与"。"与善仁"，帛书甲本作"予善信"，帛书乙本、汉简本作"予善天"，傅奕本作"与善人"，其他诸本同王弼本。衡之于上下文，"与善仁"可取。　[8]言：说话，允诺。信：信用。　[9]正：通"政"。　[10]能：胜任。　[11]时：时间，时机。　[12]唯：因为。　[13]无尤：没有过错、过失。尤：过错，过失。

[点评]

　　这一章的内容，一是讲述"水"的美德，一是讲述什么是好的选择。本章大意是：至善的人就像是水。水善于对万物有利而从不为自己争取什么，它处于众人所不喜欢的低下的地方。所以，它最接近道。高明的人，居住善于选择地方，心灵善于保持宁静，施予善于体现仁爱，说话善于守信，从政善于治理，做事善于胜任，行动善于选择时机。正因为他不去争权夺利，所以他就没有过失。老子一反常识和一般的价值，强调"甘居下流"，认为"大国者下流。"

　　老子"尚阴""尚柔"，赞扬雌性、母性、水、婴儿和川谷。水滋养万物，孕育生命，带来了一个世界，又低调居于这个世界；水柔弱不争，甘居下流，紧靠着"道"，相依不离。

　　孔子也赞扬"水"的美德。《荀子·宥坐》记载："孔子观于东流之水。子贡问于孔子曰：'君子之所以见大水必观焉者，是何？'孔子曰：'夫水，大遍与诸生而无为也，似德；其流也埤下，裾拘（通'倨'）必循其理，似义；其洸洸乎不淈尽，似道；若有决行之，其应佚（奔跑）若声响，其赴百仞之谷不惧，似勇；主量必平，似法；盈不求概，似正；淖（通'绰'）约微达，似察；以出以入以就鲜洁，似善化；其万折也必东，似志。是故君子见大水必观焉。'"

韩婴也赞扬"水"。有人问："夫智者何以乐于水也？"他说水有"多德"："夫水者，缘理而行，不遗小间，似有智者；动而下之，似有礼者；蹈深不疑，似有勇者；障防而清，似知命者；历险致远，卒成不毁，似有德者。天地以成，群物以生，国家以宁，万物以平，品物以正。此智者所以乐于水也。"（《说苑·杂言》）

人贵向上。常言说，人往高处走，水往低处流。《诗·小雅·伐木》说："出自幽谷，迁于乔木。"《论语·子张》记载子贡之语说："君子恶居下流，天下之恶皆归焉。"其旨在强调"天道酬勤"，同水甘居其下，不相矛盾。

事情有因果，是非有曲直。人生在世，好的生活，源于好的选择。居住、活动、行事、言语、内心、交往，莫不有道有理。好的选择，是合理合道的选择。有道者有福，有理者有福。郭店楚简《语丛二》说："不善择，不为智。"

亚里士多德说："人如不作善行（义行），终于不能获得善果（达成善业）；人如无善德而欠明哲，终于不能行善（行义）；城邦亦然。……惟有勇毅、正义和明哲诸善性,才能达成善业［而导致幸福］。"(《政治学》,商务印书馆1965年版,第342页)依亚里士多德之论,优良的生活由三方面的善造就:"外物诸善""躯体诸善"和"性灵诸善"。(参阅上书,第340页)

第九章

持而盈之[1],不如其已[2];揣而梲之[3],不可长保。金玉满堂[4],莫之能守[5];富贵而骄,自遗其咎[6]。

功遂身退[7],天之道[8]。

适度的人生,无往不适。

最好的时候,也是退出的时候。

[注释]

[1]持:持有,守。《国语·越语下》说:"持盈者与天,定倾者与人,节事者与地。"《管子·白心》说:"持而满之,乃其殆也。"其"持"即此义。"持",帛书本作"揸",读作"殖"。揸:积。于义虽通,非本字。其他诸本同王弼本(郭店本作"朱")。盈:满,充满。 [2]已:停止,罢休。 [3]揣(zhuī):捶,锻击。"梲(ruì)",傅奕本同,郭店本作"群",帛书乙本、汉简本作"允",河上公本作"锐",想尔注本作"悦",敦煌甲本作"挩"。梲:一说通"锐"。《集韵·祭韵》说:"锐,或作梲。"朱骏声《说文通训定声·泰部》

说:"梲,假借为锐。"《淮南子·道应训》引作"锐"。王弼注说:"锐之令利。"据此,原抄本应作"锐"。 [4]金玉:黄金和玉石。"满堂",郭店本、帛书本、汉简本作"盈室",想尔注本、傅奕本作"满室"。义同。其他诸本同王弼本。 [5]莫之能守:即"莫能守之",宾语前置。 [6]遗:招致。咎:灾祸。 [7]遂:成,告成。"功遂身退",郭店本、帛书本、汉简本同,河上公本作"功成名遂身退",想尔注本、敦煌甲本作"名成功遂身退",傅奕本作"成名功遂身退"。义近。 [8]天之道:即天道,天的法则。

[点评]

这一章主要讲述节制、谦让和退隐。本章大意是:持有太多的人,不如适可而止;若刀刃太锋利,就不能持久;金玉满堂,无比富有,怎么能一直守住;人富有、显贵而骄横,目中无人,就会招致灾祸。明智的人,大功告成,果断退隐,这十分符合天道。

凡事皆有度,物极则必反。人富贵,有权势,觉得自己能控制一切,觉得整个世界都是他的,就容易自负、骄横和轻狂,容易奢侈和放纵,容易得意忘形。这是自取灭亡。

为人处事,内方而外圆,低调而平易;理直不必气壮,心平气和更能服人;求得而不贪得,成功而不贪功。人人心里有杆秤,人心是最好的纪念碑。

尼采说:"凡是愿名誉的人,必须及时从光荣中离去,学习如何在适当的时候离去。一个人在最富韵味的时候,应该知道如何防止自己被品尝尽,这是最希望长久被爱的人所知道的。"([美]考夫曼编《存在主义》,商务印书馆1987年版,第107页)

第十章

载营魄抱一[1]，能无离乎[2]？专气致柔[3]，能婴儿乎[4]？涤除玄览[5]，能无疵乎[6]？爱民治国，能无知乎[7]？天门开阖[8]，能为（无）雌乎[9]？明白四达[10]，能无为乎[11]？

生之[12]，畜之[13]。生而不有[14]，为而不恃[15]，长而不宰[16]，是谓玄德[17]。

人生有宝，柔和谦和。

创造而不占有。

[注释]

[1]载：承负。这里指保持。营魄：即魂魄。古人以魄为阴神，以魂为阳神。《左传》昭公七年说："人生始化曰魄，既生魄，阳曰魂。"《楚辞·远游》说："载营魄而登霞兮。"为何以"魂"为"营"？《黄帝四经·素问·痹》说："营者，水谷之精气也。"抱一：守一。一：即"道"。　[2]无离：不离开，保持。　[3]专（tuán）：

借为"抟"。抟：结聚，收敛。气：万物的基本材料和能源，分阴气和阳气。抟气：聚气，凝气。《管子·内业》说："抟气如神，万物备存。"致：达到。柔：柔软，柔和。　[4]"能婴儿乎"，帛书本、汉简本同，河上公本、想尔注本、敦煌甲本作"能婴儿"，傅奕本作"能如婴儿乎"。　[5]涤除：洗刷，清除。涤：清洗。玄：幽深，深远。览：借为"鉴"。鉴：原指盛水的青铜盆子，可以水观容，引申为照视。《左传》襄公二十八年说："美泽可以鉴。"《庄子·德充符》说："人莫鉴于流水而鉴于止水。"《庄子·天道》说："圣人之心静乎？天地之鉴也，万物之镜也。"鉴：意为镜。李零指出，古代的镜子由玄锡和青铜合成，同现在的水银镜不同。（参阅李零《我们的经典·人往低处走》，第51页）玄鉴：能照清一切的明镜，喻心灵的明澈和坦荡。《淮南子·修务训》说："执玄鉴于心，照物明白。"览，帛书甲本作"蓝"，帛书乙本作"监"，应读为"鉴"。汉简本作"鑑"，即"鉴"。《说文·金部》说："鑑，大盆也。"　[6]无疵：没有过失和缺点。疵：过失，缺点。"能无疵乎"，傅奕本同，帛书甲本作"能毋疵乎"，帛书乙本、汉简本作"能毋有疵乎"，河上公本、想尔注本、敦煌甲本作"能无疵"。义近。　[7]以：用。"无知"，帛书甲本残缺，帛书乙本作"毋以知"，汉简本作"毋以智"，傅奕本作"无以知"。王弼注说："治国无以智，犹弃智也。能无以智乎？"原抄本应作"无以智"，即不用智。　[8]天门：人的先天感官，同心相对。门：感官。义同《老子》第五十二章"闭其门"的"门"。《庄子·天运》说："其心以为不然者，天门弗开矣。"阖（hé）：关闭，闭合。《楚辞·天问》说："何阖而晦？何开而明？"　[9]雌：母性，柔弱。"为雌"，王弼本作"无雌"，帛书甲本残缺，帛书乙本、汉简本、傅奕本、敦煌甲本作"为雌"。王弼注说："言天门开阖能为雌乎？"可见原抄本作"为雌"。今据改。老子"贵雌"。《老子》第二十八章有"知其雄,守其雌"之言。为雌:使自己变得柔和。为:使。《老子》第四十九章说:"圣人在天下,歙歙焉,为天下浑其心。"义同此"为"。　[10]四达:四通八达,无所不至。《礼乐·乐记》说:"礼乐刑政四达而不悖,则王道备矣。"《庄子·刻意》说:"精神四达并流。"《庄子·山木》说:"始用四达,爵禄并至而不穷。"《庄子·知北游》说:"无门无房,四达之皇皇也。"　[11]无为:不干涉,不强迫。　[12]生:生出,产生。之:万物。　[13]畜:蓄养。　[14]有:占有。　[15]恃:自恃。　[16]宰:主宰,控制。　[17]玄德:深厚、深远的德。"生而不有"四句,重见于《老子》第五十一章。

[点评]

这一章主要讲述"抱一""不用智""致柔"和"无为"等。本章大意是:保持魂魄的高度和谐,要牢牢守住"一"("道"),能做到始终不偏离它吗?凝聚身心的精气达到柔和,能做到像婴儿那样吗?清洗心灵的镜子,能达到光明澄澈毫无瑕疵吗?爱护人民、治理国家,能不使用智巧、费尽心机苛察吗?感官和身体的活动,能使它变得温和、柔顺吗?洞察、明晓无所不通,能做到无为清静吗?道生育万物,抚养万物而不占有它们,为万物尽力而不自恃有劳,帮助万物成长而不主宰它们,这叫作道的深远的美德。

生命和幸福没有奥秘。不猎奇,勿索隐行怪,过一般的生活,做自己想做的事。充实身体的能量,保持健康的体魄;拥有一颗纯正和宁静的心灵,保持身心的平衡及和谐;遵循事物的道理,不勉强,不强行;发挥生命的创造力，在创造中获得永恒。《管子·内业》说："抟气如神，万物备存。能抟乎？能一乎？能无卜筮而知吉凶乎？能止乎？能已乎？能勿求诸人而得之己乎？思之，思之，又重思之。思之而不通，鬼神将通之。非鬼神之力也，精气之极也。"

第十一章

三十辐共一毂[1]，当其无[2]，有车之用[3]；埏埴以为器[4]，当其无[5]，有器之用；凿户牖以为室[6]，当其无[7]，有室之用。

故有之以为利[8]，无之以为用。

虚实相依，有无相生。

[注释]

[1]辐：车轮子上的辐条。辐条多，承重性就强。战国时期，多有三十根辐条的车子。共：共同分布。毂（gǔ）：车轮中心的部件，外连接辐条，内以孔容轴。"共"，帛书甲本残损，帛书乙本、汉简本作"同"。义同。旧说通"拱"。拱：拱卫，环绕。义可通，于文应作"共"。 [2]当：犹"有""承"。无：车轮的空虚处。 [3]用：作用，功用。 [4]埏（shān）：和（huó），又指"模子"。埴（zhí）：泥土。埏埴：和泥土，或指将和（huó）好的泥土放在模子里。《管子·任法》："昔者尧之治天下也，犹埏之

在埏也,唯陶之所以为。"《荀子·性恶》说:"故陶人,埏埴而为器。"以为:犹"而为","而制作"。以:为。连词。 [5]无:器皿的虚空处。 [6]凿(záo):打孔,贯通。《韩非子·外储说左上》说:"筑十版之墙,凿八尺之牖。"户牖(yǒu):门和窗。户:单扇门,两户为门,泛指门。牖:窗子。 [7]无:屋宇的空间、虚空处。 [8]有:器物的实体、载体。以为:用作。利:这里指条件。

[点评]

　　这一章主要是讲述器物的实体和器物的虚空之间的相互关系,讲述只有两者的结合才有器物的作用。本章大意是:造车使三十根辐条共同分布在车毂上。正是在车毂的中心留有孔(能安装车轴),才有了车子承载和运送的作用;将和好的泥土放在模子里制作成陶器,正是有了器皿的空虚处,才有了器皿的用处;建立屋室,安门凿窗,正是有了屋宇的空间,才有了屋宇的作用。由此,就能明白一个道理,器物的实体和载体,是它产生作用的条件;器物的空虚处,是它发挥作用的地方。

　　大千世界无奇不有,自然不造无用之物。《荀子·富国》说:"万物同宇而异体,无宜而有用为人。"万物皆有其性,皆有其用,亦各有限。尺有所短,寸有所长。《列子·天瑞》说:"天地无全功,圣人无全能,万物无全用。"

　　常人眼睛只盯着"有"和"实",无视"虚""空""无"。老子用具体的器物告诉人,"有"和"实"是事物的条件和凭借,能用则需要"空"和"虚"。人们受眼光限制,受性情限制,只顾一时之用,不知长远之用;善于用小,拙于用大。

人称"无用"者,大多是眼下无用,或不知其用,不会用之。庄子眼中的惠施就是这样。《庄子·外物》记载说:"惠子谓庄子曰:'子言无用。'庄子曰:'知无用而始可与言用矣。天地非不广且大也,人之所用容足耳,然则厕足而垫之致黄泉,人尚有用乎?'惠子曰:'无用。'庄子曰:'然则无用之为用也亦明矣。'"

庄子眼光广阔,心灵开放,深知"无用之用"。《庄子·知北游》说:"大马之捶钩者,年八十矣,而不失豪芒。……是用之者假不用者也,以长得其用,而况乎无不用者乎!物孰不资焉!"庄子批评眼光狭隘的人说:"人皆知有用之用,而莫知无用之用也。"(《庄子·人间世》)

受老子和庄子的启发,《淮南子·说山训》说:"鼻之所以息,耳之所以听,终以其无用者为用矣。物莫不因其所有,而用其所无。"又说:"物之用者,必待不用者。"

第十二章

生活越奢华,
生命越脆弱。

五色令人目盲[1],五音令人耳聋[2],五味令人口爽[3],驰骋畋猎令人心发狂[4],难得之货令人行妨[5]。

是以圣人为腹不为目[6],故去彼取此[7]。

[注释]

[1]五色:指青、赤、黄、白、黑。令:使,让。目盲:眼睛看不清。 [2]五音:指宫、商、角、徵、羽。耳聋:听不到声音。 [3]五味:指酸、苦、甘、辛、咸。爽:失,伤害。 [4]驰骋:纵马奔跑。《吕氏春秋·情欲》说:"荆庄王好周游田猎,驰骋弋射。"畋猎:打猎。"畋猎",汉简本、河上公本、傅奕本、敦煌甲本皆作"田猎",想尔注本作"田獦",帛书本作"田腊"。《孟子·梁惠王下》说:"吾王之好田猎。"同书《尽心下》说:"般乐饮酒,驱骋田猎,后车千乘,我得志,弗为也。"《庄子·齐物论》

说:"梦哭泣者,旦而田猎。"先秦古书大量的例子,几乎皆作"田猎"而无"畋猎"。原本应作"田猎"。发狂:狂放不羁。 [5]行妨:妨碍、损害人的行为。妨:妨碍,伤害。 [6]是以:因此。为(wèi)腹:为了吃饱肚子。不为目:不为了眼睛的赏心悦目。"是以圣人",帛书本"圣人"之后有"之治也"三字,其他诸本同王弼本。 [7]去彼取此:舍弃奢侈的生活,选择简单的生活。

[点评]

这一章主要讲述奢侈和放纵的生活对人的身心的不良影响。本章大意是:贪图享受华美的色彩,它会使人失明;过度享受动人的音乐,它会使人失聪;沉迷于美味佳肴,它会使人失去口感;纵马奔驰在田野中打猎追逐,它会使人心狂放不羁。圣人深知奢侈和过度的生活会伤害人的身心,因此,他只求过简单的生活,避免奢侈和过度。

人是最不容易满足的动物。生活上,他想享有一切,过度消费,穷奢极欲。纵欲论者主张,人生短暂,要拼命享受。《庄子·盗跖》说:"目欲视色,耳欲听声,口欲察味,志气欲盈。人上寿百岁,中寿八十,下寿六十,除病瘦死丧忧患,其中开口而笑者,一月之中不过四五日而已矣。天与地无穷,人死者有时。操有时之具,而托于无穷之间,忽然无异骐骥之驰过隙也。不能说其志意,养其寿命者,皆非通道者也。"

殊不知,生命有限度,机体有不可承受之重。老子告诫说,过度消费,饮食无度,就会伤生。《庄子·天地》说:"且夫失性有五:一曰五色乱目,使目不明;二曰五声乱耳，使耳不聪；三曰五臭薰鼻，困愋（zōng）中颡（sǎng）；四曰五味浊口，使口厉爽；五曰趣舍滑心，使性飞扬。此五者，皆生之害也。"

第十三章

宠辱若惊[1],贵大患若身[2]。

何谓宠辱若惊[3]?宠为上[4],辱为下[5],得之若惊[6],失之若惊[7],是谓宠辱若惊[8]。

何谓贵大患若身?吾所以有大患者[9],为吾有身[10]。及吾无身[11],吾有何患!

故贵以身为天下[12],若可寄天下[13];爱以身为天下[14],若可托天下[15]。

谋取大者,不计一时之小。

真正爱自己的人不自恋。

[注释]

[1]宠:宠爱,偏爱。辱:羞辱,侮辱。若:而,就。连词,表承接。惊:惊喜,惊惧。 [2]贵:犹"看得重"。大患:大的祸害。若:像。 [3]何谓:什么是,什么叫做。《孟子·公孙丑上》说:"敢问何谓浩然之气?"其中"何谓"义同此。 [4]上:上

等，好。　[5]下：下等，不好。"宠为上，辱为下"，王弼本作"宠为下"，河上公本作"〔宠为上〕，辱为下"，想尔注本作"宠辱为下"，郭店本、帛书本和汉简本等同王弼本。但在这段话中，"宠为下"的意思不够严格和完整，其已有的注解也令人费解，应该是"宠为上，辱为下"。可能正是基于此，就有了河上公抄本等的"辱为下"的异文（然又失上句）。（参阅王卡《老子道德经河上公章句》，第48—50页）出土各本均同这一事实说明，原本本身也可能就不严格讲究前后呼应，一一对应。因此，补文也可能是为《老子》原本增补。不过，对"宠为下"的一种解释也勉强说得通，即受到宠爱的是地位低的人，他得到它就惊喜，失去它就惊叹。　[6]得：得到，受到。若：乃。　[7]失：失去，失宠。　[8]是谓：即"谓是"，称此。　[9]吾：我。此为泛指。所以：什么的原因。　[10]为：因为。身：自己。　[11]及：做得到。无身：不老想自己。　[12]贵以身：即"以贵身"。　[13]若：犹"乃""才"。寄：寄托。　[14]爱以身：即"以爱身"。　[15]托：托付。"寄天下""托天下"的顺序，郭店本、帛书本和汉简本作"托天下""寄天下"。《庄子·在宥》篇引此段话，其顺序也是如此。故《老子》原本的顺序应先是"托天下"，后是"寄天下"。

[点评]

　　这一章主要讲述人为什么受到宠辱就惊讶，人为什么有祸患，什么样的人才有资格治天下。本章大意是：人受到宠爱和羞辱，就会惊喜和惊恐；人重视大的祸患，就像生怕自己受到伤害那样。什么是受宠而惊喜、受辱而惊恐呢？受宠，人有荣光；受辱，人就没有面子。因此，人受到羞辱就会惊恐，受到宠爱就会惊喜。这就叫作受宠而惊喜、受辱而惊恐。什么叫做人看重大的祸害，就像生怕自己受到伤害呢？我之所以老是想着有大的祸患，那是因为我老是想着自己；我做到了不老想自己，我就不会老是想着有什么祸患。因此，只有那种用贵身的精神去治天下的人，人民才可以将天下的大任寄托给他；只有用爱护自己的精神去治天下的人，人民才可以将天下的重担托付给他。

人的心理和意识，倾向于受到肯定，不希望受到否定。卡耐基引用詹姆士的话："人类本质里最殷切的需求是渴望被人肯定。"（《人性的弱点全集》，中国发展出版社2009年版，第15页）因此，人受到肯定就感到高兴，受到否定就感到不悦。这就给那些投其所好者，给阿谀奉承者提供了机会。境界高的人，超越了这种限制。《庄子·逍遥游》记载的宋荣子，他是"举世誉之而不加劝，举世非之而不加沮"。老子告诉我们，一个人从小我中解放了出来，他就能忘掉自我，不为一时的荣辱所左右，坚持自己的选择和价值，走自己的人生之路。

对于"故贵以身为天下，若可寄天下；爱以身为天下，若可托天下"，一般的解释是，真正懂得重视自己生命和价值的人，才可以接受治理天下的使命。《庄子·让王》中说："道之真，以治身；其绪余，以为国家；其土苴，以治天下。由此观之，帝王之功，圣人之余事也，非所以完身养生也。"这是将自己的生命和养生看得重于国家、天下，同老子所说不尽相同。

老子的"不贵身""不爱身"同"贵身""爱身"不矛盾。老子批评贵身、爱身，是指它不是真正的贵、真正的爱,而是迷恋和沉迷。老子主张"不贵身""不爱身"不是说轻视生命,轻视自我,而是说超越对生的迷恋和迷惑。老子主张"善摄生",认为"死而不亡者寿,不失其所者久",就是明证。

第十四章

视之不见名曰夷[1]，听之不闻名曰希[2]，搏之不得名曰微[3]。此三者不可致诘[4]，故混而为一[5]。一者[6]，其上不皦[7]，其下不昧[8]，绳绳不可名[9]，复归于无物[10]。是谓无状之状[11]、无物之象[12]，是谓惚恍[13]。迎之不见其首，随之不见其后[14]。

执古之道[15]，以御今之有[16]。能知古始[17]，是谓道纪[18]。

"一"对"万物"，超形脱相。

历史是一位老人，它有先见之明。

[注释]

[1]夷：训"平"，无迹。名曰：叫做。 [2]希：稀少，无声。 [3]搏：握，持。微：细微，无形。帛书本作"㨉"（mín），抚。

于义亦通。　[4]致诘(jié)：求问，求得答案。致：求，求得。《论语·子张》说："君子学以致其道。"《庄子·逍遥游》说："彼于致福者，未数数然也。"诘：询问，追问。"致诘"，帛书本作"致计"。应作"致诘"。　[5]混：混同，混合。《国语·周语下》说："若能类善物，以混厚民人者，必有章誉蕃育之祚。"　[6]"一者"，帛书本、傅奕本同，王弼本无，汉简本作"参也"。"参"疑承上文而为误，应为"一者"。（参阅韩巍整理《北京大学藏西汉竹书[贰]》，第150页）今据补。　[7]上：上面。皦(jiǎo)：明，明亮。《诗·王风·大车》说："谓予不信，有如皦日。""皦"，帛书甲本作"攸"，整理者当作"攸"，读为"悠"；帛书乙本作"谬"。《庄子·天下》有"谬攸之说"。谬和攸，即虚和远（参阅许抗生《帛书老子注译与研究》，第94页）。　[8]下：下面。昧：昏暗，不明。　[9]绳绳(mǐn mǐn)：连续不断，没有边际。　[10]复归：返回。无物：指无形的道。物：有形的事物。　[11]无状：没有具体事物的形态。　[12]无物之象：没有具体事物的现象。象：表现出来的现象，如天象、气象。与"形"相对。《周易·系辞上》说："在天成象，在地成形。"　[13]惚恍(hū huǎng)：模糊不清，似有似无。惚：隐约，不清。恍：模糊。帛书甲本残缺；帛书乙本作"沕望"，许抗生读"惚恍"；傅奕本作"芴芒"。"沕"：读为"忽"，恍惚不明的样子。《淮南子·原道训》说："忽兮怳兮，不可为象兮。"可读"惚芒"。　[14]这两句，帛书本、汉简本顺序颠倒，且"随之""迎之"作"随而""迎而"。　[15]古之道：过去的法则。"执古之道"，汉简本、河上公本、想尔注本、傅奕本、敦煌甲本皆同；帛本书作"执今之道"，注释者为之立论，实不足取。老子同样有很强烈的以古律今的思维。原本应为"执古之道"。　[16]御：驾御。今之有：当今的现实。　[17]古始：世界和宇宙的起始。　[18]道纪：道的纲领。

[点评]

这一章主要讲述"一"即"道"与具体的有形事物的不同。本章大意是：看却看不见，这叫做无迹；听却听不见，这叫做无声；手握又握不到，这叫做无形。这三者无法再追问下去，因为它们混同为一。至一，它的上面不明亮，它的下面不昏暗。它没有边际，不可给它一个具体的名字，它终究没有具体事物的形态。它是没有形状的形状，没有形象的形象，这叫作它的模糊。你去迎接它，却看不见它的前面；你去跟随它，却又看不到它的后面。掌握古时候形成的历史法则，就可以驾驭当下的现实。如果能通晓世界的起始，这就叫作掌握了"一"和"道"的根本。

万物有形、有象、有名；"道"无形、无象、无名。万物可感、可触；"道"不可感，不可触。《庄子·知北游》说："道不可闻，闻而非也；道不可见，见而非也；道不可言，言而非也！知形形之不形乎！道不当名。"《吕氏春秋·大乐》说："道也者，视之不见，听之不闻，不可为状。有知不见之见、不闻之闻、无状之状者，则几于知之矣。道也者，至精也，不可为形，不可为名，强为之〔名〕，谓之太一。""道"遍在万物，万物各有其"道"，故可从万物中求"道"，从万物中识"道"。

历史是镜子，古可为今用。《荀子·非相》说："圣人者，以己度者也，故以人度人，以情度情，以类度类，以说度功，以道观尽，古今一度也，类不悖，虽久同理。"常言说，历史是一面镜子。休谟说，学习历史大概有三种益处，一是愉悦想象；二是增长知识；三是加强美德（参阅《休谟散文集》,中国社会科学出版社2006年版,第236页)。但不幸的是,人们容易遗忘过去,不借鉴历史。黑格尔说:"人们惯以历史上经验的教训,特别介绍给各君主、各政治家、各民族国家。但是经验和历史所昭示我们的,却是各民族和各政府没有从历史方面学到什么,也没有依据历史上演绎出来的法则行事。"(《历史哲学·绪论》,上海书店出版社1999年版,第6页)

第十五章

古之善为士者[1]，微妙玄通[2]，深不可识[3]。夫唯不可识[4]，故强为之容[5]。豫兮若冬涉川[6]，犹兮若畏四邻[7]，俨兮其若客（容）[8]，涣兮其若冰之将释[9]，敦兮其若朴[10]，旷兮其若谷[11]，混兮其若浊[12]。

孰能浊以静之徐清[13]？孰能安以久动之徐生[14]？保此道者不欲盈[15]。夫唯不盈[16]，故能蔽不新成[17]。

明智的人，谦虚谨慎。

[注释]

[1]士：古代社会阶层之一，能文能武的人。"善为士"，郭店本、汉简本、河上公本、想尔注本、敦煌甲本同，帛书甲

本残，帛书乙本、傅奕本作"善为道"。《老子》第四十一章有"上士""中士"和"下士"用语，第六十八章另有"善为士"一例。第六十五章有一例"古之善为道者"。"为士""为道"皆通。　[2]微妙：精微深奥。《韩非子·五蠹》说："微妙之言，上智之所难知也。""玄通"，帛书甲本残缺，郭店本、帛书乙本、汉简本作"玄达"。"通""达"义同。玄通：精通，神通。　[3]深：深远。识：知。　[4]唯：因。　[5]强：勉强，姑且。为之：给它。容：形容。　[6]豫：小心，谨慎。"兮"，王弼本作"焉"，据下"兮"字订正。其他诸本前后语气词多有不同，但对意思并无影响。　[7]犹：迟疑，警觉，警惕。《楚辞·离骚》说："心犹豫而狐疑。"　[8]俨（yǎn）：庄重。"若客"，王弼本作"若容"，帛书本、汉简本、河上公本、想尔注本、傅奕本皆作"若客"。今据改。　[9]涣：流散，离散。释：消融，溶化。《论衡·感虚》："寒不累时则霜不降，温不兼日则冰不释。""其"，王弼本无，据郭店本、帛书本、汉简本，并据上下文补。"冰之将"，河上公本同；其他诸本不一，有的无此三字，有的无"将"字。　[10]敦：敦厚，纯厚。朴：朴实，纯朴。　[11]旷：空旷，广大。谷：空虚。　[12]混：混杂。　[13]孰：谁。　[14]徐：缓慢，慢慢地。　[15]盈：充满。郭店本无最后两句。　[16]唯：因为。　[17]蔽：通"敝"，意思是"旧"。"能蔽不新成"，河上公本同，郭店本无此句，帛书甲本残损，帛书乙本作"能獘而不成"，汉简本作"能敝不成"，想尔注本、敦煌甲本作"能弊复成"，傅奕本作"能敝而不成"。衡之各本，疑为"能敝不成"。它同《老子》第二十二章所说的"敝则新"不是一个问题。

[点评]

这一章主要讲述如何做一个"士"和守道。本章大意是：古代那些善于做士的人，他对世界的认识精微而又贯通，达到了深不可测的境界。正因为如此，我只能勉强地刻画一下他的形象：他小心谨慎，就像是冬天涉水过川；他提防警惕，就像是害怕来自四邻的伤害那样；他庄重礼貌，就像是做宾客那样；他闲散和蔼，就像是冰雪融化那样；他淳厚无华，就像是纯朴的原木；他心胸豁达，就像是虚谷那样；他混同合一，就像是雨后的污泥浊水。试问，谁能使流动的浑水停止下来而慢慢地澄清？谁能使事物平稳活动并慢慢地成长？不就是善于做士的人吗？善于做士的人，他保持着"道"而不自满。正是因为他不自满，所以他就能保持不变。

世界有危险，人心实难测；平静中有暗流，简单中有复杂；人外有人，天外有天。无知的人，胆大包天；以自我为中心的人，旁若无人；傲慢的人，不知天高地厚。明智的人，小心翼翼，谨慎行事。《金人铭》说："君子知天下之不可盖也，故后之、下之，使人慕之。"

老子心目中明智的人，是谨慎的人，是谦虚的人，是小心的人，是朴实的人。《庄子·列御寇》描述了两种不同的人，一种人谦虚，一种人傲慢："正考父一命而伛，再命而偻，三命而俯，循墙而走，孰敢不轨！如而夫者，一命而吕钜，再命而于车上舞，三命而名诸父。"《荀子·大略》也说："一命齿于乡，再命齿于族，三命，族人虽七十不敢先。"

孔子心中的贤人，也是谦虚的人。《说苑·敬慎》记载说："孔子读《易》至于《损》《益》，则喟然而叹。子夏避席而问曰：'夫子何为叹？'孔子曰：'夫自损者益，自益者缺，吾是以叹也。'子夏曰：'然则学者不可以益乎？'孔子曰：'否，天之道，成者未尝得久也。夫学者以虚受之，故曰得。苟不知持满，则天下之善言不得入其耳矣。昔尧履天子之位，犹允恭以持之，虚静以待下，故百载以逾盛，迄今而益章。昆吾自臧而满意，穷高而不衰，故当时而亏败，迄今而逾恶，是非损益之征与？吾故曰："谦也者，致恭以存其位者也。"夫丰明而动，故能大。苟大，则亏矣。吾戒之，故曰："天下之善言不得入其耳矣。"日中则昃，月盈则食，天地盈虚，与时消息。是以圣人不敢当盛，升舆而遇三人则下，二人则轼，调其盈虚，故能长久也。'子夏曰：'善，请终身诵之。'"

士有不同的爱好，追求不同的事物和价值。庄子认为，他们都很片面，都很可悲。《庄子·徐无鬼》说："知士无思虑之变则不乐，辩士无谈说之序则不乐，察士无凌谇之事则不乐：皆囿于物者也。招世之士兴朝，中民之士荣官，筋力之士矜难，勇敢之士奋患，兵革之士乐战，枯槁之士宿名，法律之士广治，礼教之士敬容，仁义之士贵际。农夫无草莱之事则不比，商贾无市井之事则不比，庶人有旦暮之业则劝，百工有器械之巧则壮。钱财不积则贪者忧，权势不尤则夸者悲，势物之徒乐变。遭时有所用，不能无为也，此皆顺比于岁，不物于易者也。驰其形性，潜之万物，终身不反，悲夫！"

第十六章

致虚恒（极）[1]，守静笃[2]，万物并作[3]，吾以观复[4]。夫物芸芸[5]，各复归其根[6]。归根曰静[7]，是谓复命[8]。复命曰常[9]，知常曰明[10]。不知常，妄作[11]，凶。知常容[12]，容乃公[13]，公乃王[14]，王乃天[15]，天乃道，道乃久[16]，没身不殆[17]。

失去能让人知道什么是珍贵的。

[注释]

[1] 致：求。虚：虚心。"恒"，王弼本作"极"，其他诸本均作"恒"。多强为之解。"恒"与"笃"相对，实应为"恒"。"极"，实为"恒"的假借字，而不是相反。今据改。 [2] 静：宁静。笃：坚定。"守静"，郭店本作"守中"，汉简本作"积正"。"积正"晚出。"守静""守中"皆通。 [3] 作：兴起。 [4] 复：复归。 [5] 芸芸：众多。"夫物芸芸"，郭店本作"天道员员"，多为之说。帛书

本读为"天物云云",疑"天"是"夫"之误写。"云云"即"芸芸"。《庄子·在宥》说:"万物云云,各复其根。""物"即"万物"。 [6]根:根本,根源。 [7]静:宁静,安静。 [8]复命:恢复本性。命:本性。 [9]常:即"恒",法则。 [10]明:明智。 [11]妄作:胡作非为。 [12]容:包容,宽容。 [13]乃:才,才能。公:公正,正义。 [14]"王",帛书本、汉简本等众本同。王弼注说:"荡然公平,则乃至于无所不周普也;无所不周普,则乃至于同乎天也。"据此,劳健《老子古本考》认为两'王'字是'全'字之讹。可备一说。 [15]天:无所不覆。 [16]久:恒久。 [17]没(mò)身:终生。殆:危险。

[点评]

这一章主要讲述精神修炼、知常、归根和复命。本章大意是:务虚心,持之以恒;守静,坚定不移。万物生长变化如果出现异常,我将观察它们是否回归到自身。世界上的事物众多,它们只要复归,就能回到自身。回到自身,叫作回到自己的本性。回到自己的本性,叫作回到常道。懂得了常道,叫做明智。不懂得常道,又胡作非为,那就是凶恶。懂得了常道,才能包容;做到了包容,才能成为君王;成为君王,才能合乎天道;合乎了天道,才能合乎大道。合乎了大道,才能恒久,才能终生没有危险。

保持虚心和宁静,专一不二,无怨无悔,这是心灵的境界,这是幸福之源。万物有本性,天地有常道,人间有常法。意志有自由,命运自己定。遵循万物的本性,遵循常道和常法,按照理性去行动,这就是自己的"命运"。《尚书·说命》说:"知之曰明哲。明哲实作则。"《诗·大雅·烝民》说:"既明且哲,以保其身。"《管子·白心》说:"道者,一人用之,不闻有余;天下行之,不闻不足,此谓道矣。小取焉,则小得福,大取焉,则大得福。"

万物失去了本性,就失去了常;迷失了方向,就误入歧途。恢复本性,回到自我,就是重回常道,复归理性。

第十七章

治理有等级，
公众是杆秤。

太上[1]，下知有之[2]；其次，亲而誉之[3]；其次，畏之[4]；其次，侮之[5]。信不足焉[6]，有不信焉[7]。犹（悠）兮其贵言[8]。功成事遂[9]，百姓皆谓我自然[10]。

[注释]

[1]太上：最好的治理者、执政者。这一章，郭店本、帛书本、汉简本、想尔注本等是同第十八章、十九章抄写在一起，无分隔符号。　[2]下：指人民。　[3]亲：亲近。誉：赞誉。　[4]畏：害怕。　[5]侮：轻蔑，侮辱。　[6]不足：缺乏，不够。　[7]"焉"，郭店本、帛书乙本、汉简本作"安"，帛书甲本作"案"，均读为"焉"。　[8]贵言：不轻言，谨言。"犹"，王弼本作"悠"；帛书甲本残损，郭店本、帛书乙本作"猷"，读为"犹"；汉简本、河上公本、傅奕本、敦煌甲本作"犹"。

据上下文,当为"犹"。今据改。 [9]遂:成,顺遂。 [10]自然:自己如此,自己造就。

[点评]

这一章主要讲述国家治理好坏的不同等级。本章大意是:最好的执政者实行无为的治理,他的人民不受干涉,自由选择;次一等的执政者,采取有为的治理,上行而下效,赢得了人民的亲近和赞誉;第三等的执政者,实行高压和恐怖统治,人人自危,敢怒而不敢言;最低一等的执政者,昏庸无能,混乱无序,人民无法忍受,愤然而起,诅咒他,侮辱他。执政者缺乏信用,这才有了人民对他的不信任。好的执政者,谨言慎行,信守承诺。天下和国家治理好了,人人各得其所,百姓都说这是我们自己造就的。

政治有奥秘,统治有等级。什么是最好的统治?传说帝尧时代,就有一番无为而治的景象:"尧时,五十之民,击壤于涂。观者曰:'大哉,尧之德也!'击壤者曰:'吾日出而作,日入而息,凿井而饮,耕田而食。尧何等力?'"(王充《论衡·感虚》)老子主张"无为而治",充分让人民自己选择和行动。

同老子类似,《淮南子·主术训》划分统治的好坏说:"故太上神化,其次使不得为非,其次赏贤而罚暴。"司马迁的《史记·货殖列传》认为,政府处理同人民之间的利益关系,也有不同的等级:"故善者因之,其次利道之,其次教诲之,其次整齐之,最下者与之争。"亚里士多德认为,政体有不同的类型,也有不同的等级：优良政体，包括君主政体、贵族政体和民主政体；恶劣政体，包括僭主政体、寡头政体和平民政体（即暴民政体）。

第十八章

大道废[1]，有仁义[2]；智慧（慧智）出[3]，有大伪；六亲不和[4]，有孝慈[5]；国家昏乱[6]，有忠臣。

好的失去，不好的来将就。

[注释]

[1]大道：至道。 [2]仁义：儒家信奉的基本伦理价值。仁：爱。义：公正，正义。此句"有"字前，郭店本、帛书乙本、汉简本有"安"字，帛书甲本有"案"字，均读为"焉"。 [3]慧：聪明，有贤才。"智慧"，王弼本作"慧智"，众本多作"智慧"。王弼注说："故智慧出则大伪生也"。原抄本实作"智慧"。今据改。 [4]六亲：父子、兄弟、夫妇。和：和睦，和谐。 [5]孝：孝敬。慈：慈爱。 [6]"国"，郭店本、帛书甲本作"邦"，因避刘邦讳而改。

[点评]

这一章讲述仁义等伦理价值观念产生的原因。本章大意是：至高的道荒废掉了，这才有了仁和义；智巧和聪慧产生了，这才有了虚伪和诈骗；亲戚失去了和睦，这才有了孝敬和慈爱；国家错乱无序，这才有了忠臣。

谦虚退守的老子，激烈批评仁义礼智，认为这些东西是道德衰退的产物，它们不仅不能解决问题，反而还会制造更多的问题。对于"仁"，老子很消极。除了《老子》第八章说的"与善仁"没有贬义外，这一章的"大道废，有仁义"，第三十八章的"失德而后仁"，对仁都是持消极的立场。第十九章的"绝仁弃义"，虽不见于郭店本、汉简本，然众本都有。

老子的后继者比他更激进。《庄子·马蹄》说："道德不废，安取仁义！性情不离，安用礼乐！五色不乱，孰为文采！五声不乱，孰应六律！夫残朴以为器，工匠之罪也；毁道德以为仁义，圣人之过也。"老子要为衰败的文明寻找根本的出路，寻找一劳永逸的方法。他引进了高级的"道德"原则，相信它是拯救人类的良方。

第十九章

绝圣弃智[1],民利百倍;绝仁弃义[2],民复孝慈[3];绝巧弃利[4],盗贼无有。此三者[5],以为文不足[6],故令有所属[7]。见素抱朴[8],少私寡欲[9]。

放弃才能拥有。

[注释]

[1]绝:断绝。弃:舍弃,抛弃。圣:聪明。智:巧智。 [2]"绝仁弃义",郭店本为"绝为弃虑"。郭店本的这句话,不能读为"绝伪弃诈"。因为老子批评的大都是世俗和儒家肯定的价值,"伪"和"诈"是世俗和儒家都会批评的。仅就这一章,就能看得很清楚。如圣和智、巧和利,就是如此。两者同伪和诈明显不是一类。 [3]复:回归。孝:孝敬。慈:慈爱。 [4]巧:机巧。利:利益。 [5]三者:即圣智、仁义和巧利。 [6]以为:作为。文:文采,文饰。 [7]令:让,使。有所:有地方。有:存在。所:地方。

代词。属（zhǔ）：归往，向往。　[8] 见（xiàn）：通"现"，呈现。抱：守，坚持。素：朴素，无华。"见"，郭店本作"视"。　[9] 私：偏私，私欲。

[点评]

这一章主要是批评文明化的东西和儒家的仁义礼乐等价值。本章大意是：断绝聪明和智巧吧，那样人民就能得到百倍的利益；断绝仁爱和礼义说教吧，那样人们就能重新恢复他们天然的孝敬和慈爱之心；断绝机巧和逐利之心吧，那样天下就不会再有盗贼了。聪明智巧、仁义礼乐、机巧逐利这三者，用来作为教化的手段，不仅不能治理天下，反而还是造成危害的根源。因此，要改弦更张，使人民向往：崇尚简素，坚守纯朴；排除私心，减少欲望。抛弃文明的累赘，拒绝仁义礼智的价值，回到道德，回到简单和纯朴，一切皆美好，一幅人间美景图。《庄子·胠箧》说："攘弃仁义，而天下之德始玄同矣。"

人的生活其实很简单。宋荣子称人"情欲寡浅"（《庄子·天下》）。希腊罗马哲学家伊壁鸠鲁说，人的有些欲望是自然而必须的；有些欲望自然而非必要；还有些欲望既非自然，亦非必要，而是由虚幻的想象所致。（参见[古希腊] 第欧根尼·拉尔修《名哲言行录》，吉林人民出版社 2003 年版，第 691—692 页）

第二十章

绝学无忧[1]。唯之与阿[2],相去几何[3]?美(善)之与恶[4],相去若何[5]?人之所畏[6],不可不畏[7]。

荒兮其未央哉[8]!众人熙熙[9],如享太牢[10],如春登台[11]。我独泊兮其未兆[12],如婴儿之未孩[13],儽儽兮若无所归[14]。众人皆有余[15],而我独若遗[16]。我愚人之心也哉!沌沌兮[17]!俗人昭昭[18],我独昏昏[19]。俗人察察[20],我独闷闷[21]。淡兮其若海[22],飂兮若无止[23]。众人皆有以[24],而我独顽且(似)鄙[25]。我独异于人,而贵食母[26]。

想让自己不同寻常,就要有不同的眼光。

[**注释**]

[1]绝：断绝。学：学问。蒋锡昌等认为此句属上一章。（参阅蒋锡昌《老子校诂》，第122、123页） [2]唯：快而恭敬的应答声。阿(ē)：迟缓轻慢的应答声。"阿"，郭店本作"可"，帛书甲本作"诃"，帛书乙本作"呵"，想尔注本作"何"。诸本音近可通。 [3]几何：多少，多大。 [4]"美"，王弼本作"善"，郭店本、帛书本、汉简本、想尔注本、傅奕本、敦煌甲本皆作"美"。王弼注说："唯诃美恶，相去何若。"可知，原抄本和原本实作"美"。今据改。美：美丽。恶：丑陋。义同第二章的用法。 [5]"若何"，郭店本、帛书本、汉简本、河上公本、想尔注本、傅奕本、敦煌甲本皆作"何若"。原本实应作"何若"。然意近。何若：如何，怎样。这里指"一样不一样"。 [6]畏：畏惧，害怕。 [7]"不可不畏"，郭店本为"亦不可以不褢人"；帛书乙本作"亦不可以不畏人"；帛书甲本"亦不"后残缺，补后应同帛书乙本；汉简本作"不可以不畏人"。据此，文义略有差别："不可不畏"，是笼统地说不能不畏惧；"不可以不畏人"，是具体说不能不畏惧人。 [8]荒：包括，拥有。《诗·鲁颂·閟宫》说："奄有龟蒙，遂荒大东。"未央：未尽。 [9]熙熙(xī xī)：快乐、兴高采烈的样子。 [10]享：鬼神享受祭品。《吕氏春秋·仲秋》说："五者备当，上帝其享。"太牢：祭祀鬼神，牛羊猪三牲齐备。 [11]台：高而平的建筑。《尔雅·释宫》说："四方而高曰台。" [12]泊：淡泊。其：我，自己。未兆：没有迹象。兆：征兆，苗头，迹象。 [13]孩：同"咳(hái)"，婴儿笑。 [14]儽儽(lěi lěi)：颓丧、失落的样子。 [15]有余：多出，多余。 [16]遗：残余，剩余。《诗·大雅·云汉》说："周余黎民，靡有孑遗。"或说通"匮"（不足，匮乏），不确切。 [17]"沌沌兮"，或疑在上文。（参阅高亨《老子正诂》，第48页）"沌沌"，帛书甲本作"惷

惷",帛书乙本作"湷湷",汉简本作"屯屯",想尔注本作"纯",敦煌甲本作"纯纯"。皆音近而通。(参阅韩巍整理《北京大学藏西汉竹书〔贰〕》,第153页)"沌沌"与"纯纯",义近,指混沌不明、纯朴。 [18]俗人:世俗之人。昭昭:明白清楚。 [19]昏昏:糊涂不清。 [20]察察:明察的样子。 [21]闷闷:浑厚的样子。《老子》第五十八章说:"其政闷闷,其民淳淳。" [22]淡:安静,平静。海:大海,此处指海水的风平浪静。 [23]飂(liù):急风。 [24]有以:有用,有所作为。 [25]顽:愚钝。鄙:浅陋。"且",王弼本作"似",帛书甲本残缺,帛书乙本、汉简本、想尔注本作"以",傅奕本作"且"。王弼注说:"无所欲为,闷闷昏昏,若无所识,故曰'顽且鄙'也。"由此可知,王弼本原抄本与傅奕本同,实作"且"。今据改。以:而,义与"且"同。 [26]食母:拥有本源。母:隐喻,指"道"。

[点评]

这一章主要讲述不同的世界观和价值观。本章大意是:断绝学问,没有忧虑。唯诺与阿阿,两者相去有多远;美丽的与丑陋的,两者相去差别有多大。大家畏惧可怕的,我也必须小心避开。有道的人所拥有的,无穷无尽啊!众人兴高采烈,无比快乐,如同在享受美味佳肴,如同游春登高;而我却淡泊啊,没有什么迹象显示出来;我纯朴没有开窍,如同婴儿还没有笑貌;我失落漂泊啊,好像无家可归。众人都绰绰有余,而我却只有残余些微。我有一颗愚钝的心!世俗之人明明白白,而我却糊涂不清;世俗之人明察秋毫,而我却昏昧不辨;我安静起来啊,就像是大海的风平浪静;我活动起来啊,就像是狂风大作。众人都聪明透顶，无所不知，而我却愚钝、浅陋。我为什么这样？我独自要与众不同，我要拥有大道。

价值具有相对性，没有完美的事物，正像没有完美的人那样。老子塑造了一个"愚人像"。"愚人"不是"俗人"。俗人小事清楚，大事糊涂；愚人小事糊涂，大事清楚。俗人投机钻营，愚人心志单纯。"愚人"与道合而为一。

愚人是"德人"。《庄子·天地》说："德人者，居无思，行无虑，不藏是非美恶。四海之内共利之之谓悦，共给之之谓安。怊乎若婴儿之失其母也，傥乎若行而失其道也。财用有余而不知其所自来，饮食取足而不知其所从，此谓德人之容。"

愚人"贵食道"，其德全。《庄子·天地》说："执道者德全，德全者形全，形全者神全。神全者，圣人之道也。"《史记·老子列传》记载：老子告诉孔子说"良贾深藏若虚，君子胜德，容貌若愚。去子之骄气与多欲，态色与淫志，是皆无益于子之身"。

第二十一章

孔德之容[1]，惟道是从[2]。

道之为物[3]，惟恍惟惚[4]。惚兮恍兮，其中有象[5]；恍兮惚兮，其中有物[6]；窈兮冥兮[7]，其中有精[8]。其精甚真[9]，其中有信[10]。自古及今[11]，其名不去，以阅众甫[12]。吾何以知众甫之状哉[13]？以此[14]。

道虚，故无不容，无不有。

[注释]

[1] 孔德：大德。孔：大。德：品德，德行。容：容貌，容态。　[2]"惟道是从"，即"惟从道"。是：宾语前置标志词。惟：只，仅。从：听从，顺从。《左传》僖公五年说："臣闻之：鬼神非人实亲，惟德是依。"　[3] 物：具体事物。　[4] 惟：文言助词，用于句首。恍（huǎng）：模糊。惚（hū）：隐约，不清。　[5] 象：

表现出来的现象。　[6] 物：实有。　[7] 窈（yǎo）：昏暗。冥：幽深。　[8] 精：精微，原本。《庄子·秋水》说："精，小之微也。"　[9] 真：真实。　[10] 信：实。　[11] "自古及今"，帛书本、汉简本、傅奕本作"自今及古"，其他诸本同王弼本。原本应为"自古及今"。《荀子·儒效》说："自古及今，未尝有也。"同书《王制》说："自古及今，未尝闻也。"从过去到现在，强调一直连续到现在，同时意味着还会连接。"自今及古"于义理亦不通。或曰"古"合韵。《老子》之文并非文尾都合韵。　[12] 以：用，凭。阅：观察。众甫：庶物之始。众：庶，庶物。甫：开始，起初。《玉篇·用部》说："甫，始也。"段玉裁《说文解字注·用部》说："甫，以男子始冠之称，引申为始也。""阅"，帛书本作"顺"，汉简本作"说"，其他诸本同王弼本。"甫"，帛书本、汉简本作"父"，其他诸本同王弼本。"父"通"甫"。　[13] 何以：如何，用什么。状：情形，状态。　[14] 以此：用此，凭此。此：道。

[点评]

　　这一章主要讲述大德之人的品德和道的特征。本章大意是：大德之人，他的一言一行，只是听从"道"的指引。"道"是什么呢？"道"作为实在的东西，它非常模糊不清。它隐约不清啊，模糊不明啊，它里面有象，也有物。它十分昏暗啊，十分幽深啊，它里面有精微之处，它的精微之处十分真实，它里面充满着实有。从遥远的过去到现在，它的名字一直流传着，用它可以去观察万物的发生。我是怎么知道万物之始的情形的呢？正是从"道"那里。

　　"道"是伟大的根源和创造力。有德的人只服从"道"

和真理（"有德者不移"）。但"道"无形、无象、无名，看不见，摸不着。恍恍惚惚，若有若无，若隐若现。

　　常言说，眼见为实，耳听为虚。对"道"来说，连它的声音，人们也听不见。注重实证的人，注重感觉的人，容易怀疑"道"的真实和实有。老子告诉我们，"道"是根本之物，它有能量和精气，它非常真实，非常可信。

第二十二章

从相反的东西中获得力量。

创造由己,评判由人。

曲则全[1],枉则直[2],洼则盈[3],敝则新[4],少则得,多则惑[5]。

是以圣人抱一为天下式[6]。不自见,故明[7];不自是,故彰[8];不自伐,故有功[9];不自矜;故长[10]。

夫唯不争[11],故天下莫能与之争[12]。古之所谓曲则全者,岂虚言哉[13]!诚全而归之[14]。

[注释]

[1]曲:弯曲,委曲。全:周全,完整,完美。《庄子·天下》说:"人皆求福,己独曲全。" [2]枉:邪曲,不正直。直:正直。《论语·颜渊》说:"举直错诸枉,能使枉者直。""直",帛书乙本、汉简本、想尔注本、傅奕本、敦煌甲本皆作"正";帛书甲本

作"定",读为"正"。正、直意思相近,两者均通。　[3]洼:低洼,低处。盈:满,充满。　[4]敝:陈旧,破旧。　[5]惑:疑惑,迷惑。　[6]是以:因此。"抱一",帛书本、汉简本作"执一"。"抱""执",还有"守",三者义近,是道家乐用的字。"式",帛书本、汉简本作"牧"。应作"式"。式:标准,准则,义同《老子》第二十八章"为天下式"和第六十五章"常知稽式"的"式"。　[7]自见(xiàn):自己炫耀。见:通"现",显露,显示。明:明显。　[8]彰:显著。"是",帛书本作"示",整理者读为"视";汉简本作"视",整理者读为"是"。"是""视"和"示",音近可通。然根据"自见","是"和"视",当读为"示"。示:显现,展示。《周易·系辞下》说:"夫乾确然,示人易矣;夫坤隤然,示人简矣。"《说文·示部》说:"示,天垂象,见吉凶,所以示人也。"　[9]自伐:自己夸耀。伐:夸耀。《管子·宙合》说:"功大而不伐。"有功:有功业,有功德。　[10]自矜(jīn):自满,夸耀。长:居首位,受尊重。　[11]唯:因为。　[12]"天下",帛书本、想尔注本、敦煌甲本无,其他诸本同王弼本。　[13]岂:难道,怎么。　[14]诚:诚然,确实。全而归之:即"归全",达到圆满,达到保全。帛书本在第二十一章后接相当于第二十四章的内容。

[点评]

　　这一章主要讲述相反相成的道理。本章大意是:人受些委曲,反而能周全;有了弯曲,才会有伸直;有了低洼之处,才会有盈满;有了陈旧,才会有焕新;有了少,才会有多;有了多,才会有迷惑。圣人懂得了这些道理,所以,他持守道,将它作为治理天下的准则。圣人不自己炫耀，所以他才显要；不自己显摆，所以他才显著；不自己夸耀，所以他才有荣耀；不自满骄傲，所以他才受到尊重。正因为圣人不争，所以天下也就没有人能同他相争。古时候人们说的"委曲求全"这句格言，难道是一句空话？不是。谁能做到这一点，实实在在，他就可以成全自己。

事物没有单一性，道路也不是直线。为了此则需要彼，为了前进则需要迂回，为了快则需要慢。《论语·述而》说："亡而为有，虚而为盈，约而为泰，难乎有恒矣。"《周易·系辞上》说："劳而不伐，有功而不德，厚之至也。"

老子推崇谦虚、谦让、谦恭。《庄子·天下》概述老子和关尹的思想，说他们"以濡弱谦下为表，以空虚不毁万物为实""未尝先人而常随人""人皆取先，己独取后。曰受天下之垢；人皆取实，己独取虚，无藏也故有余，岿然而有余""人皆求福，己独曲全""常宽容于物，不削于人"。谦虚不是缺乏自信。世界无限，人生有限。事物有不同的可能，要为未知留下余地。

老子主张用道，强调"抱一"，以"一"为治国最普遍、最有效的法则。《黄帝四经》和《管子》都明显有以"一言"为"一"的用法："吾闻天下成法，故曰不多，一言而止，循名复一，民无乱纪。……夫百言有本，千言有要，万［言］有总。"（《黄帝四经·十大经·成法》）"执一不失，能君万物。君子使物，不为物使。得一之理，治心在于中，治言出于口，治事加于人，然则天下治矣。一言得而天下服，一言定而天下听，公之谓也。"（《管子·内业》）

第二十三章

希言自然[1]。

故飘风不终朝[2],骤雨不终日[3]。孰为此者?天地。天地尚不能久[4],而况于人乎[5]?

节俭能久。

故从事于道者[6],同于道[7];德者[8],同于德;失者[9],同于失。同于道者,道亦乐得之[10];同于德者,德亦乐得之;同于失者,失亦乐得之[11]。

好的东西难得。真好之,必真求之。

信不足焉,有不信焉[12]。

[注释]

[1]希言:少说话。这里指执政者少发号施令。希:少,罕见,稀疏。后作"稀"。自然:指百姓自己造就自己。 [2]飘风:疾风,暴风。终:尽。朝(zhāo):早晨。 [3]骤雨:急雨,暴雨。日:一天,一整天。 [4]尚:尚且。 [5]况:何况,况且。 [6]从事:

行事。道：最高的法则和价值。　　[7]同：一致，偕同。王弼本"同"前有"道者"二字，帛书本、汉简本、敦煌甲本无，想尔注本残缺。两字在上下文中不类，令人费解，疑为衍文。应删。　　[8]德：美德，品德。　　[9]失：过错，恶。《吕氏春秋·决胜》说："凡兵之胜，敌之失也。"　　[10]亦：也。乐（lè）：喜悦，乐于。得：契合，投机。　　[11]"同于道者，道亦乐得之；同于德者，德亦乐得之；同于失者，失亦乐得之"，这几句话同帛书本、汉简本、想尔注本和敦煌甲本文字差异较大，显得混乱。　　[12]这两句已见于《老子》第十七章。帛书本无。

[点评]

　　这一章主要讲述事物的限度，讲述人的行为的因果关系。本章大意是：执政者少发号施令，百姓就能不受干涉，自己造就自己。按照这个道理，从反面来说，强盛的事物是短暂的。狂风不会持续一个早晨，暴雨不会下一整天。请问，是谁呼风唤雨呢？是天地。即使有力的天地，尚且不能使狂风暴雨久而不止，何况力量远不如天地的人呢？因此，致力于道的人，他就偕同于道；致力于德的人，他就偕同于德；致力于不好的东西，他就同不好的东西为伍。偕同于道的人，正好道也乐于契合他；偕同于德的人，正好德也乐于契合他；同不好的东西为伍的人，不好的东西也就迫不及待地乐于抓住他不放。执政者缺乏信用，这才有了人民对他的不信任。

　　老子强调为政者要谨言、少言。言多容易失言，言多容易失信。

　　事物有各种能量。能量的释放，有快有慢；释放得猛烈，结束快；释放得缓慢，延续久。俗话说，细水长流。又说，留得青山在，不怕没柴烧。只顾眼前的好处，竭泽而渔，一网打尽，是短期效应，断绝生路。

物以类聚，人以群分，万物各从其类。同类相感，同声相应，万物各从其德。真正想要的，就要真正去求，功夫不会辜负有心人；真正不想要的，就要努力去避免。《墨子·所染》记载说："子墨子言见染丝者而叹曰：'染于苍则苍，染于黄则黄。所入者变，其色亦变。五入必而已，则为五色矣。故染不可不慎也！'"

不要抱怨别人不信任自己，要想一想自己是不是失信于人。

第二十四章

没有耐心，一事无成。

不懂得放弃的人，就不懂得拥有。

企者不立[1]，跨者不行[2]。

自见者不明[3]，自是者不彰[4]，自伐者无功[5]，自矜者不长[6]。其在道也[7]，曰余食赘行[8]。物或恶之[9]，故有道者不处[10]。

[注释]

[1]企：义"跂（qǐ）"，踮起脚跟。《说文·人部》说："企，举踵也。"《荀子·劝学》："吾尝跂而望矣，不如登高之博见也。"不立：站不稳，不能站立久。"企"，帛书本、汉简本作"炊"，帛书甲本释文疑读为"吹"，河上公本作"跂"，想尔注本、敦煌甲本作"喘"。吹和喘，都同呼吸有关。 [2]跨：跨步，跨越。不行：不能走远路。 [3]自见（xiàn）：自己炫耀。不明：不明显。 [4]不彰：不显著。彰：显著。"自是"，帛书本、汉简本作"自视"，其他诸本同王弼本。 [5]自伐：自己夸耀。伐：夸耀。《管

子·宙合》说："功大而不伐。"无功：没有功业、功德。 [6]自矜（jīn）：自满，夸耀。不长：不居首位，不受尊重。长：居首位，受尊重。 [7]其：它们，此处指自见、自是、自伐。在道：从道来看。 [8]余食：剩饭。赘行：长在皮肤和身上的多余肉瘤。《庄子·骈拇》说："附赘县疣，出乎形哉！"赘：多余，无用。行：通"形"，形体，身体。 [9]物：人，众人。《左传》昭公十一年说："荀吴谓韩宣子曰：'不能救陈，又不能救蔡，物以无亲。'"或：或许，有。恶：厌恶。 [10]有道：掌握道。不处：不居。"有道者"，帛书本、汉简本作"有欲者"。"欲"疑非原本之字。

[点评]

这一章主要是讲述不合理、不合乎道德的做法和行为没有好的结果。本章大意是：在日常生活中，谁都知道，翘起脚尖不能久站，跨步而行不能走远。因为它不合常理。同样，自己炫耀自己，不能显达；自己显摆自己，不能显赫；自己夸耀自己，不能享功名；自己骄傲自满，不能受尊重。从"道"的观点来看这些，真可以说是残渣剩饭、赘瘤瘜肉，众人或许只会厌恶这些东西。掌握了"道"的人，更不会那样做。

遵循自然的法则是最好的捷径；遵循人类的规范，是人生最好的指南。

自夸的人，不会受到别人的夸奖；自以为是的人，不会受到别人的赞成；表功自满的人，不会受到别人的肯定；骄傲自大的人，不会受到别人的欣赏。做事是自己的事，评价是别人的事。时间是最大的评论家。第二十二章从正面说，这一章从反面说。

第二十五章

迷途知返不为迟。

有物混成[1]，先天地生[2]。寂兮寥兮[3]，独立而不改[4]，周行而不殆[5]，可以为天下母[6]。吾不知其名，字之曰道[7]，强为之名曰大[8]。大曰逝[9]，逝曰远[10]，远曰反[11]。故道大，天大，地大，王亦大[12]。域中有四大[13]，而王居其一焉。人法地[14]，地法天[15]，天法道[16]，道法自然[17]。

[注释]

[1]物：有形的东西。这里指无形的"道"。混成：浑然天成。"有物"，郭店本作"有状"，其他诸本同王弼本。　[2]先：先于，早于。生：产生，出现。《庄子·知北游》说："有先天地生者物邪？物物者非物，物出不得先物也，犹其有物也。"　[3]寂：无声，

寂静。寥：空虚，空阔。《文子·道原》形容"道"说："惟象无形，窈窈冥冥，寂寥淡漠，不闻其声。" [4]独立：不依赖，独自存在。改：变。"而"，王弼本无此字，郭店本、想尔注本、敦煌甲本同，帛书甲本残缺，帛书乙本、汉简本、河上公本、傅奕本有。于义无妨，于文可补。 [5]周行：遍行。周：遍，周遍。《周易·系辞上》："知周乎万物而道济天下。"殆：通"怠"，懈怠。郭店本、帛书本无"周行而不殆"句。 [6]天下母：天下万物的生育者。"天下母"，郭店本、河上公本、想尔注本、傅奕本、敦煌甲本同，帛书本、汉简本作"天地母"。《庄子·大宗师》说："自本自根，未有天地，自古以固存；神鬼神帝，生天生地。""天下母"，疑原为"天地母"。 [7]字：给起名字。 [8]强：勉强。大：广大。《庄子·则阳》说："阴阳者，气之大者也。道者为之公，因其大而号以读之。" [9]逝：去，往。 [10]远：时空上距离大。这里指变质、失真。 [11]反：通"返"，返回，回归。 [12]"道大，天大，地大，王亦大"，这四句的顺序，帛书本、河上公本、傅奕本、敦煌甲本同王弼本，郭店本、汉简本作"天大，地大，道大，王亦大"。据下文的"人法地，地法天，天法道，道法自然"，王弼本和诸本应为原本顺序。 [13]域：国，天下。 [14]人：指君王。法：遵循，效法。地：大地。此处指承载万物之德。"人"，各本同。据上文，指"王"。 [15]天：上天。此处指覆盖万物之德。 [16]道：恒道，玄德。 [17]自然：自己如此，自己造就自己。

[点评]

这一章主要讲述道的特性，讲述道和万物的关系，讲述人、地、天、道的关系。本章大意是：有一种无形无象的东西，它浑然天成，早在天地之前就有了。它独自存在而不改变，它遍行于万物之中从不歇息，它不折不扣是天地的母亲。我不知道它的名字，姑且给它起个名字叫作"道"，勉强称它为"大"。它的无限力量推动万物的变化，万物的变化出现了弊端叫做失德，失德了为了恢复自己叫作回归道。据此而言，所以，道最大，其次是天，其次是地，再其次是王。宇宙中有四大，君是其中之一。君王效法大地的无所不载，大地效法上天的无所不覆，上天效法大道的创造而不占有，大道效法万物的自己造就。

老子描述"道"，这又是重要的一章。儒家说天地是万物的根，天地创造了万物。老子说道比天地更根本，它永恒无限，它是天地的创造者，是万物的母亲。它是"无名之名"。给它起名，是勉强为之，不要将它混同于一般事物的名称。道是超验的，它超出了一般的认知方法。观察道需要洞察，需要神悟，需要贯通。

"大曰逝，逝曰远，远曰反"，历来有不同的注释。它不是讲"道"的循环过程。伟大的道遵循万物的变化，就像"道法自然"（道遵循万物自己造就自己）一样。万物的变化，如果远离自身，偏离了道，它就需要返回它自身。"反者道之动"的"反"也是"返回"。但它不是指道的返回，而是指道促使万物返回自身。

"道"是根本，它创造了万物。天、地、君王三者，在万物中具有特殊的地位。为了突出三者的地位，老子将天、地、王和道一起称为宇宙中的四大。但四者又有级别。在"人法地、地法天，天法道"的依次关系中，人遵循大地的厚载万物精神，地遵循上天覆盖万物的精神，天遵循道的创造而不占有的精神。"道"反过来又遵循万物的自己成就，让万物自行变化，自行发展。

第二十六章

知本知根,十拿九准。

重为轻根[1],静为躁君[2]。是以圣人终日行不离辎重[3]。虽有荣观[4],燕处超然[5]。奈何万乘之主[6],而以身轻天下[7]?轻则失本[8],躁则失君[9]。

[注释]

[1]重:稳重,沉稳。轻:轻浮,轻率。根:根本,主导。 [2]静:安静。躁:躁动,不安。君:统率,驾驭。 [3]是以:因此。辎重:出行携带的物资,常指军用物资。"圣人",帛书本、汉简本、想尔注本、傅奕本、敦煌甲本作"君子"。《老子》中,"圣人"一词多用,"君子"用例很少。 [4]荣观:胜境,胜地。"荣观",帛书本作"环官",汉简本作"荣馆"。其他诸本同王弼本。 [5]燕处:闲处。燕:安定,闲适。《字汇·集部》说:"燕,安也。"《周易·中孚》说:"虞吉,有它不燕。"孔颖达疏说:"燕,

安也。"超然：超脱的样子。《楚辞·卜居》说："宁超然高举以保真乎？" [6]奈何：如何对待，怎么办。万乘（shèng）：万辆马车，指国家强大。乘：车。包括一车四马。"奈何"，帛书本、河上公本作"若何"，想尔注本、敦煌甲本作"如何"，傅奕本作"如之何"。各词义近。（汉简本作"燕处超若。奈何……"） [7]以身：因一己的快乐。 [8]本：根。 [9]君：主宰，主导。《荀子·解蔽》说："心者，形之君也。"

[点评]

　　这一章主要讲述人的行为的好坏和不同结果。本章大意是：稳重是制御轻率的根本，安静是控制躁动的主管。圣人根据这个道理，他出行时总是不离开随身携带的物品，即使是美景胜地，他也心如止水，不为所动。一位大国的君主，却因贪图一己之乐而忘记了治理天下的使命，拿他有什么办法呢？要记住，轻率就会失去根本，躁动就会失去主导，危险很快就要降临了。

　　事有本末、主次。做事要善于掌握根本，善于抓住关键和要领。掌握了根本，抓住了关键和要领，事情就会迎刃而解，事半功倍。

　　高明的人，他懂得轻重缓急，他经得起诱惑，走自己的路，不旁骛，不分心，努力实现自己的目标。君主肩负治理天下的使命，事关天下的兴亡。在天下之位，就要谋天下之事，牺牲小我之情趣，成就天下之大业。为一己之快乐，因小失大，难免身败名裂，成为历史罪人。

第二十七章

掌握奥妙,心灵手巧。

善行无辙迹[1],善言无瑕谪[2],善数不用筹策[3],善闭无关楗而不可开[4],善结无绳约而不可解[5]。

善于救助的救助一切。

是以圣人常善救人[6],故无弃人[7];常善救物,故无弃物[8],是谓袭明[9]。

人人都是不同的老师。

故善人者,不善人之师[10];不善人者,善人之资[11]。不贵其师[12],不爱其资,虽智大迷[13],是谓要妙[14]。

[注释]

[1]善行:善于行走。辙迹:车轮的印迹。 [2]善言:善于言谈。瑕谪(zhé):玉石的瑕疵。谪:通"讁(tì)",瑕疵,毛

病。　[3]善数：善于计算。筹策：古代用于计数和计算的竹片。　[4]善闭：善于关闭。关楗（jiàn）：门闩。"关楗"，帛书本作"关籥"，河上公本、想尔注本作"关捷"，汉简本、傅奕本作"关键"。"捷"通"楗"，"籥"通"钥"，都是门上用具，区别是门闩还是锁钥。"开"，河上公本、想尔注本、傅奕本、敦煌甲本同，帛书本、汉简本作"启"。避汉景帝刘启讳改。　[5]善结：善于打结。绳约：捆，缠束。约：捆，束。"绳约"，汉简本、河上公本、想尔注本、傅奕本、敦煌甲本同，帛书甲本残。　[6]是以：因此，所以。　[7]弃人：抛弃人。"故"，河上公本、傅奕本、敦煌甲本同，帛书本、汉简本、想尔注本作"而"（下句亦同）。　[8]弃物：抛弃物。"常善救物，故无弃物"，河上公本、想尔注本（除"而"字）、傅奕本、敦煌甲本同；帛书本、汉简本作"物无弃财"，于文于义，都不完整，疑抄脱所致。《文子·自然》和《淮南子·道应》说的"人无弃人，物无弃物"，其文不同于帛书等本，是袭《老子》第二十七章两段话而略之。　[9]袭明：效法道的玄德。第五十二章有"袭常"，义近。袭：因，效法。明：聪明，明智。这里指玄德。"袭"，河上公本、想尔注本、傅奕本、敦煌甲本同，帛书甲本作"愧"，帛书乙本作"曳"，汉简本作"欲"。韩巍说，《说文·心部》释"愧"为"习"。习、袭音义相近而通用。"曳"（喻母屋部）、"欲"（喻母月部）两字，音近可通。"欲"应读为"拽"。（参阅韩巍整理《北京大学藏西汉竹书〔贰〕》，第157页）　[10]师：老师，榜样。"不善人"，帛书甲本残，帛书乙本、汉简本作"善人"。据下文"善人"与"不善人"两者一正一反，正相对。原本应为"不善人"。　[11]资：借鉴，鉴戒。李零说"师资"一词源于此。（参阅李零《我们的经典·人往低处走》，第97页）"资"，帛书甲本作"齎"，"齎"通"资"。　[12]贵：尊重，崇尚。　[13]大迷：大的迷惑。　[14]是谓：即"谓是"，称此。要妙：要义的妙趣。"要妙"，帛书本、汉简本作"妙要"。义近。

[点评]

这一章主要讲述什么是好的做法和行为。本章大意是：善于行走的人，不留下行迹；善于言谈的人，不会失言、失语；善于计算的人，不需要使用筹码；善于关闭大门的人，不使用门闩也让别人打不开；善于打结捆绑的人，不用绳索也使别人解不开。因此，圣人经常善于救助别人，他从不抛弃任何人；他常常善于珍惜物品，从不抛弃任何东西。这叫做效法"道"的玄德。所以，善良的人是品行不端者的榜样；品行不端者，是善良者的警戒。不崇尚榜样，不重视警戒，即使聪明，也难免有大的迷惑。这叫做精义深奥。

事物有奥妙，做事有诀窍，心灵境界有高低。熟能生巧，心领神会。应对自如，出神入化。《韩非子·主道》说："人主之道，静退以为宝。不自操事而知拙与巧，不自计虑而知福与咎。是以不言而善应，不约而善增。"

圣人心灵广阔，胸怀大德，包容万物，救助天下所有的人，爱护天下所有的物。

善良的人固然是表率，不善良的人也可以成为一面镜子。要当一个好人，就要向好人学习，要从不好的人那里得到教训。正如为了健康，要进行免疫那样。

第二十八章

知其雄[1]，守其雌[2]，为天下谿[3]。为天下谿，常德不离[4]，复归于婴儿。知其白[5]，守其黑[6]，为天下式[7]。为天下式，常德不忒[8]，复归于无极[9]。知其荣[10]，守其辱[11]，为天下谷[12]。为天下谷，常德乃足[13]，复归于朴[14]。朴散则为器[15]，圣人用之则为官长[16]。故大制不割[17]。

有美德的人，让力量用在正处。

[注释]

[1]其：我，自己。雄：雄壮，刚健。 [2]雌：柔细，阴柔，柔弱。 [3]谿（xī）：同"溪"，小溪，溪流。 [4]常德：即"恒德"，一贯的德。 [5]白：明亮。 [6]黑：暗淡。《荀子·荣辱》说："目辨白黑美恶。" [7]式：标准，准则。这里指典范。 [8]忒

（tè）：变更，改变。《说文·心部》说："忒，更也。" [9]无极：没有边际。这里指本根、道。 [10]荣：荣耀。从"守其黑"到"知其荣"这一段话，出土本和传世诸本皆有，于文于义皆顺。易顺鼎、马叙伦、高亨等疑为后人所加，不可从。 [11]辱：羞辱，诟病。 [12]谷：山谷，空虚。 [13]足：充足。 [14]朴：朴实，纯朴。 [15]散：散开，分开。器：器物，器具。 [16]官长：百官之长，君主。 [17]大制：大的制作。这里指治理。制：制作，裁制，控制。《战国策·齐策四》说："玉生于山，制则破焉。"《管子·枢言》说："有制人者，有为人之所制者。"《战国策·赵策二》说："专权擅势，蔽欺先王，独擅绾事。"不割：不分割。"大制不割"之"不"，王弼注作"无"（"故无割也"）。帛书本、汉简本皆作"无"，且此句在下章。

[点评]

这一章主要讲述谦虚和谦让的美德。本章大意是：虽然知道自己雄壮有力，但却甘拜下风，持守柔弱，不争不夺，成为天下的一条小溪。成为天下的一条小溪，一贯的德就不会失去，就能保持婴儿那样的纯朴。虽然知道自己明亮耀眼，但宁愿暗淡无光，保持低调，成为天下的典范。成为天下的典范，一贯的德就不会改变，就永远同道合一。虽然知道自己的荣光，但宁愿受到诟病，成为天下的虚怀若谷者。成为天下的虚怀若谷者，一贯的德就充实了，就回到了纯朴和纯真。纯朴的东西分开后经过加工，就成了器物。圣人运用这一道理，设立百官，使自己成为君临天下的君王。所以，圣人的伟大治理，持守纯朴。

老子赞美柔和、低调和忍耐，即使自己有伟大之处，有荣耀，有美誉，也不要膨胀，始终保持谦让和虚心的美德。

老子赞美纯朴和浑然一体。但世界又从整体中分化出了多。多有多的作用，小有小的好处。天下国家的统一治理，离不开分层的治理。上执本，纲举目张；下分层，有条不紊。上下呼应，相得益彰，秩序井然。

第二十九章

将欲取天下而为之[1],吾见其不得已[2]。天下神器[3],不可为也[4]。为者败之[5],执者失之[6]。

故物或行或随[7],或歔或吹[8],或强或赢[9],或载(挫)或隳[10]。是以圣人去甚[11],去奢[12],去泰[13]。

过度者不可久。

[注释]

[1]取:治。为:有为,控制,干涉。 [2]其:他。不得已:不能得到成功。已:句末语气词,表示确定。《尚书·洛诰》说:"公定,予往已。" [3]神器:重器,帝位,国家。 [4]不可为:不可把持。 [5]为:把持。 [6]执:专行。 [7]物:人,众人。或:有,有的。行:前行。随:跟随。 [8]歔(xū):通"嘘",

慢慢地呼气使热起来。吹：急速地呼气使凉下来。　[9]羸（léi）：弱。"或强或羸"，帛书甲本残缺，帛书乙本无。　[10]隳（huī）：毁，毁坏。《吕氏春秋·顺说》说："隳人之城郭，刑人之父子也。""载"，王弼本作"挫"，帛书本、汉简本读为"培"，傅奕本作"培"，河上公本作"载"，想尔注本、敦煌甲本作"接"。培：培土。"挫"和"接"两字属误抄。载：成。《国语·周语上》说："夫利，百物之所生也，天地之所载也。"今据改。"隳"，帛书本、汉简本、想尔注本、敦煌甲本读为"堕"。堕：通"隳"（huī），毁坏。　[11]甚：过分。　[12]奢：奢侈。　[13]泰：过度。

[点评]

　　这一章主要讲述君王如何治理天下，讲述人的言行不可过度、过分。本章大意是：谁要想治理天下而采取高度控制的方法，我认为这绝不会成功。天下国家是神圣的东西，要治理好它，不能采取控制和干涉的方法。干涉和控制，就一定会失败；独断专行，就一定会失去天下。世人性情各异，所好各端。有的人前行，有的人跟随；有的人把凉的嘘温，有的人把热的吹凉；有的人强壮，有的人羸弱；有的人建造，有的人毁坏。对待不同的人和事，方法也不同。所以圣人治理天下，不过分，不奢侈，不过度。

　　政治是统治，是运用权力的世界。权力最难运用。它容易被误用，被滥用。它会造成严重的政治后果，它会给社会大众造成灾难。老子认为，国家权力是最高的权力，又是神圣的权力。掌握国家权力的人，掌握着国家的生死存亡，掌握着人民的命运。他必须谨慎地使用权力，他必须使权力服务于公共利益，使权力为社会公众带来福祉。国家权力的良好运用，就会产生政治权威，权力就会稳固，国家就能长治久安。

社会生活是一个复杂的协同关系体，人们从事着不同的事务，扮演着不同的角色，相互依存，相互成就。人要有独立性，但不要把自己孤立起来；人要能忍受寂寞，但不要让自己沉寂。

事物有限度，事情有适度，说话有分寸，行为有准绳。过度、过分、极端、片面，都是破坏性的力量，而不是建设性的力量，它让世界毁坏。《礼记·曲礼上》说："敖（借为"傲"）不可长，欲不可从（借为"纵"），志不可满，乐不可极。"

第三十章

以道佐人主者[1]，不以兵强天下[2]。其事好还[3]。师之所处[4]，荆棘生焉[5]。大军之后，必有凶年[6]。

善有果而已[7]，不敢以取强[8]。果而勿矜[9]，果而勿伐[10]，果而勿骄，果而不得已[11]，果而勿强[12]。

物壮则老[13]，是谓不道[14]，不道早已[15]。

战争是人类自己加害自己。

[注释]

[1]佐：辅助，帮助。人主：君主。 [2]兵：兵器，军事。《管子·权修》说："万乘之国，兵不可以无主。"强：强大，强盛。 [3]好(hào)：喜欢，喜爱。还：回报。 [4]处：在。 [5]荆棘：落叶小灌木丛和酸枣树。"其事好还"，郭店本作"其事好长"，

且在下文；帛书本残缺；其他诸本同王弼本。"师之所处"，汉简本作"师之所居"，帛书本残缺，其他诸本同王弼本。"师之所处，荆棘生焉"，郭店本无。　[6]凶年：灾害之年。"大军之后，必有凶年"，河上公本、傅奕本同，郭店本、帛书本、汉简本、想尔注本、敦煌甲本无。　[7]果：结果，达到目的。而已：罢了。"善有果而已"，郭店本、汉简本、河上公本作"善者果而已"，帛书本作"善者果而已矣"，想尔注本、敦煌甲本作"故善者果而已"，傅奕本作"故善者果而已矣"。诸本于义差别不大，于文疑是王弼本误抄。　[8]以：借，凭借。取强：示强，逞强。"不敢以"，河上公本、傅奕本同，帛书本作"毋以"，郭店本、汉简本、想尔注本、敦煌甲本作"不以"。于义均可通。　[9]勿矜（jīn）：不要自满，不要骄傲。　[10]勿伐：不要夸耀。　[11]不得已：不得不，无奈之下。《庄子·在宥》说："君子不得已而临莅天下，莫若无为。""果而不得已"，河上公本、想尔注本、傅奕本、敦煌甲本同，帛书本作"果而毋得已居"。义近。汉简本作"果而毋不得已"，"毋不"疑有误抄。　[12]"果而勿强"，河上公本同；郭店本、汉简本无；帛书甲本作"是谓果而不强"；帛书乙本作"是谓果而强"，疑抄脱"不"字；想尔注本、傅奕本、敦煌甲本作"是果而勿强"。诸本多"是谓"二字。汉简本无。想尔注本、傅奕本、敦煌甲本"果"前有"是"字。　[13]物壮：人壮。物：人。老：衰老。　[14]是谓：即"谓是"，这叫做。　[15]不道：不符合道。早已：早亡。以上三句话，重出于第五十五章。

[点评]

这一章主要讲述治理国家，要尽量避免战争，在不得已情况下可用兵；用兵要学会节制，只要达到目的了就可以，不要以此来称王称霸。本章大意是：只要是用大道去辅佐君王的人，他就不会动用军事力量去称霸天下，他努力做的是回归到"道"。战争从来代价巨大，军队所到之处，满目疮痍，哀鸿遍野。战争之后，必定是灾荒之年。如果迫于无奈而运用了军事力量，那也只能是善于达到一定的结果罢了，决不要以此来称王称霸。有了一定的结果，又不要自满、自夸、自傲。要知道，这样的结果是万不得已得来的。因此，绝不要逞强逞能。人过于强壮，就会加速衰老，这不符合道。不符合道，他就会早逝。

人类希求和平、安宁，但又不时发生战争。战争伴随着巨大的代价，是一个国家为了获得某些东西而失去了更多东西的行为。老子是反战论者，他深知战争的残酷和带来的灾难。《老子》一书不是兵书。他之所以提供如何制胜的方法，是因为他希望被迫接受战争的国家能赢得胜利。战争是无奈之举，只要取得了胜利就要中止。不要出于报复而大开杀戒；不要因为贪婪而抢劫掠夺。

"其事好还"，有不同的解释。一种解释，承"以道佐人主者"说，意思是他实行无为，回到道；一是就战争造成的伤害说。

第三十一章

夫佳兵者[1]，不祥之器[2]。物或恶之[3]，故有道者不处[4]。

君子居则贵左[5]，用兵则贵右[6]。

兵者，不祥之器，非君子之器。不得已而用之，恬淡为上[7]，胜而不美[8]。

而美之者，是乐杀人。夫乐杀人者，则不可以得志于天下矣。

吉事尚左[9]，凶事尚右[10]；偏将军居左[11]，上将军居右[12]。言以丧礼处之[13]。杀人之众，以哀悲泣之[14]。战胜，以丧礼处之。

远离不好的东西。

[注释]

[1] 兵：兵器，军事。"夫佳兵"，河上公、想尔注本、敦煌甲本同，郭店本无第二段"君子居"之前诸句，帛书本作"夫兵者"，汉简本读为"佳美"。应为"夫兵者"。《老子》多用"夫唯"，疑"佳"为"唯"字之讹，可备一说。　[2] 不祥：不吉利。器：器具。　[3] 物：人，众人。或：或许，有。恶：厌恶。　[4] 有道者：掌握了道的人。不处：不居。　[5] 居：平居，平时。贵左：即尚左，以左为尊位。　[6] 贵右：即"尚右"，以右为尊位。古代中国的左右方位意识，同南北东西和阴阳有关，何尊何卑，有不同表现。天道和地道所尚不同。《逸周书·武顺解》说："天道尚右，日月西移；地道尚左，水道东流。"文武有"左文右武"之讲究。《管子·版法解》说："文事在左，武事在右。"（参阅李零《我们的经典·人往低处走》，第107—108页）　[7] 恬淡：平静，节制。为上：为好，为佳。　[8] 不美：不赞美，不赞扬。　[9] 吉事尚左：举行吉祥之礼以左为上。　[10] 凶事尚右：举行不吉利之事以右为上。《逸周书·武顺解》说："吉礼左还，顺天以利本；武礼右还，顺地以利兵。"还：旋转。"凶事"，河上公本同，郭店本、帛书甲本、汉简本、想尔注本、敦煌甲本作"丧事"，帛书乙本残。于文原本疑作"丧事"，于义皆通。　[11] 偏将军：将军的辅佐、辅助者，类似于"裨将"。居左：在左，以左为卑。　[12] 上将军：最高级别的军事长官。居右：在右，以右为尊。　[13] 丧礼：为送别死人而举行的礼仪。处之：处理，对待。之：代词，指人和事。　[14] "泣"，河上公本、想尔注本、傅奕本、敦煌甲本同，郭店本作"位"，帛书甲本、汉简本作"立"，帛书乙本残缺。"位""立"，读为"莅"，即"临"，面对。"泣"应读为"莅"。"泣"于义皆通，于文当为"莅"。

[点评]

　　这一章同上一章类似,主要讲述如何对待军事和战事。本章大意是:兵器是不吉祥的东西,人们讨厌它。所以,掌握了"道"的人是绝不会轻易使用它的。士人君子平时是以左边为尊,用兵的时候才以右边为尊。兵器确实是不吉祥的东西,它不是君子乐于使用的东西。如果在不得已的情况下使用它,也要冷静和节制。即使打了胜仗,也不要赞美它和趾高气扬。硬是赞美它和趾高气扬,那就是喜欢杀人,嗜血成性。喜欢杀人、嗜血成性的人,他绝不会受人拥戴。习惯上,吉庆之事举行礼仪以左为尊,凶丧之事举行礼仪以右为尊;辅佐的将军居于左边的下位,上将军居于右边的上位。这是说要依丧礼来对待兵事。在战场上,杀害的士兵过多,要以悲痛哀伤之情对待他们。打了胜仗,要以丧礼加以凭吊。

　　老子反战,因此,他认为军事武器本身就是不吉祥的东西,是凶器。掌握了"道"的执政者,不会喜欢战争,想远离战争,不动干戈。不得已而进行反击,他也要有所节制。胜利了,这也是一个苦涩的果实。想一想付出的代价,没有什么值得庆贺的。被杀死的敌人,被驱赶到战场而战死,他们也是不幸的。杀死敌人多了,也是残忍的。老子是一个伟大的人道主义者。他重视生命,对人类充满着慈爱心肠,充满着悲悯的情感。孙膑也有类似老子的地方。银雀山汉墓汉简《孙膑兵法·见威王》中说:"然夫乐(yào)兵者亡,而利胜者辱。"孟子批评好战的梁惠王,说他极其不仁。《孟子·尽心下》记载:"孟子曰:'不仁哉梁惠王也!仁者以其所爱及其所不爱，不仁者以其所不爱及其所爱。'公孙丑问曰：'何谓也？''梁惠王以土地之故，糜烂其民而战之，大败，将复之，恐不能胜，故驱其所爱子弟以殉之，是之谓以其所不爱及其所爱也。'"

第三十二章

社会的活力源于人的自由选择和行动。

道常[1]、无名[2]、朴[3]。虽小[4],天下莫能臣也[5]。侯王若能守之[6],万物将自宾[7]。天地相合以降甘露[8]。民莫之令而自均[9]。

始制有名[10]。名亦既有[11],夫亦将知止[12]。知止可以不殆[13]。

譬道之在天下[14],犹川谷之与(于)江海[15]。

[注释]

[1]道常:即"道恒",意思是道永恒。 [2]无名:没有具体事物那样的名称。 [3]朴:纯朴,朴实。 [4]小:细,微。这里指无形。 [5]莫能臣:不能臣。臣:称臣,称服。《吕氏春秋·士节》说:"其义不臣乎天子,不友乎诸侯。" [6]侯王:诸侯王,诸侯君主。 [7]自宾:自己宾服,归顺。宾:服从,归顺。 [8]天

地相合：天地相互作用。以：连词，表示结果，相当于"因而"。甘露：甜美的雨露。《吕氏春秋·贵公》说："甘露时雨，不私一物。" [9] 莫之令：即"莫令之"，不命令他。自均：自己均平、均等。同"自宾"和第五十七章的"自朴"等词汇的用法一样，是强调人民和百姓自己能够实现自己的各种愿望和目的。"自均"不是《庄子·天地》说的人民被均平治理——"天地虽大，其化均也"和"天下均治"。 [10] 始制：开始制作出。 [11] 亦：强调语气。既有：已经有，已经产生。 [12] 亦：也。知止：懂得停止、约束。 [13] 不殆：没有危险。殆：危险。"可以"，郭店本、帛书本、汉简本、河上公本、傅奕本皆作"所以"，想尔注本、敦煌甲本无此二字。 [14] 譬：打个比方。在天下：分布、分散在天下万物中。 [15] 川谷：溪谷。谷：山谷，川谷。"川谷"，河上公本、想尔注本、傅奕本、敦煌甲本同，郭店本、帛书乙本、汉简本读为"小谷"，帛书甲本残缺。"小谷""川谷"于文于义皆通。"与"，王弼本作"于"，其他诸本均作"与"。今据改。王弼注亦是用"与"："故曰'犹川谷之与江海'。"疑今本为对应上句"在"而改。道在天下，讲的是道与天下万物的关系，它对应的是大海与小溪流的关系，而不能将之对应为"小溪流在大海"。大海比喻的是"道"。原抄本应为"与"。

[点评]

这一章的内容，一是讲述道的特征；二是讲述君主效法道，百姓归服；三是对名称不要使用过度。本章大意是：道是永恒的，它没有像具体事物那样的名称，它纯朴无华。道虽然无形、空虚，但天下的人并不容易服从它。执政者侯王若能持守它，万物自己就能够服从自己。天地之间相互作用，就会降下甜美的甘露。人民不需要去命令，他们自己就能做到均平。自从建立起了名号，称谓就开始存在了。但对它们的使用，要适可而止。懂得了适可而止，就不会有危险。打个比方，道分散在天下万物之中，就像江海同河流的关系那样。

"道常"的"常"，多被视为状态副词，解释为"常常"。但"道"的"无为"是"道"的活动的根本方式，它是"一贯"的，而不是"常常"。老子有"恒道"的说法，这里的"恒"是修饰"道"，意思是"永恒的道"；反过来可以说，"道"是永恒的。"道恒"的"道"是主词，"恒"是谓词，是描述道的性质。"道恒"的意思是"道是永恒"。《老子》第十六章有"道乃久"的说法，意思是"道是永久"。这也可印证应以"道恒"句读。《老子》第三十七章的"道常无为而无不为"的"道常"，也应如此句读，即"道常，无为而无不为"。"道常无为"类似于"道隐无名"。道是"隐"，它没有一般事物那样的名称。

道独立永恒，没有名称，无形无象，纯朴无华，隐而不显，人们看不出它的重要性，也不愿意接近它、服从它，也就无法从道那里获得教益和福祉。高明的统治者，深知道是事物的根本，是创造性的力量。他把道运用到治理天下上，遵循道的"无为"原则，不干涉，不控制，不独断，遵循万物各自的变化，使万物都能够自己实现自己，自己成就自己。《韩非子·主道》说："道者，万物之始，是非之纪也。是以明君守始以知万物之源，治纪以知善败之端。故虚静以待令，令名自命也，令事自定也。虚则知实之情，静则知动者正。有言者自为名，有事者自为形，形名参同，君乃无事焉，归之其情。"

语言是人的创造，也是人生活和存在的方式。名称用来指称事物和实有，人们在交流中用它来传达彼此真实的情况。语言和名称是交流的产物，也在交流中被使用。使用者如不表现真实，言不由衷，语言和名称就会脱离实际事物，产生名与实的分裂。语言先行，不合实际，有名无实，失信于人，这是人间一大乱象。

善良的人，以诚相见，言而有信；不善的人，说美丽的谎言，用花言巧语来骗人，所以老子说"美言不信"（第八十一章）。老子告诫人们，要限制"名"的使用，要警惕虚假之名。孔子主张"听其言而观其行"（《论语·公冶长》），主张"先行其言而后从之"（《论语·为政》）。《庄子·逍遥游》说："名者实之宾。"《庄子·齐物论》说："道恶乎隐而有真伪？言恶乎隐而有是非？道恶乎往而不存？言恶乎存而不可？道隐于小成，言隐于荣华。"

第三十三章

善于控制自己的人才能实现自我。

知人者智^[1]，自知者明^[2]。

胜人者有力^[3]，自胜者强^[4]。

知足者富^[5]，强行者有志^[6]。

不失其所者久^[7]，死而不亡者寿^[8]。

[注释]

[1]智：聪明，智慧。 [2]明：明白，明智。 [3]胜人：战胜别人。力：力量。 [4]自胜：战胜自己。强：强大。 [5]足：充足。富：富有。 [6]强（qiǎng）行：力行。强：竭力，勉力。 [7]所：适当的处所和位置。这里指"道"。《礼记·哀公问》记载孔子的话说："今之君子，好实无厌，淫德不倦。荒怠傲慢，固民是尽，午其众以伐有道；求得当欲，不以其所。"郑玄注说："所，犹道也。""午"通"忤"。 [8]"不亡"，汉简本、河上公本、想尔注本、傅奕本、敦煌甲本同，帛书本作"不忘"。同前句联系

起来,"不亡"即"不忘"。"亡"通"忘",忘记。《管子·枢言》说:"亡其身失其国者殆。""不亡"和"不忘"都是说留在人们的心中,于义皆可通,于文以"忘"为长。

[点评]

　　这一章主要是讲述个人的智慧和美德。本章大意是:能了解别人的性情和所思所想,这是智慧;能清楚知道自己的个性和特点,这是明智。能够战胜别人,这是有力量;能够自己战胜自己,这是强大。能够知足,这是富有;能够竭力行动,这是有志向。能够不失其道,事业就能长久;形体死亡了,而精神能一直保留在人们的心中,这是长寿。

　　人是自我活动的产物,也是相互关系的产物。他要时刻面对自己,也要经常面对他人。他要知道自己,掌握自己,也要知道别人,处理同别人的关系。人的生存有常道,为人处事要有理性,情感表现要有限度。充实的人生,创造的人生,是人自己为自己写下的传记,是人生最好的纪念品。

　　知人与自知,胜人与自胜,知足与强行,不失其所与死而不亡,两两相对。知人不易。常言说,知人知面不知心。知人之心,有时难于上天。《庄子·列御寇》说:"凡人心险于山川,难于知天。天犹有春秋冬夏旦暮之期,人者厚貌深情。"《庄子·田子方》批评"中国之君子",说他们"明乎礼义而陋于知人心"。《论衡·知实》说:"人实难知,吉凶难图。"所以老子说"能够认识别人的是有智慧的人"。

比起知人来，好像自己最知道自己，最清楚自己。但清楚认识自己也不容易。俗语说，当事者迷，旁观者清；骑马找马，近在眼前，远在天边。所以老子说自己能够认识自己的人，是聪明的人。人有自知之明很可贵，缺乏自知之明很不幸。

俗语说，山中无老虎，猴子称大王。《楚辞·卜居》说："黄钟毁弃，瓦釜雷鸣。"人间有高手，超过别人，战胜别人，不容易。所以老子说"能够战胜别人的人，是有力量的人"。

要说自己是自己的所有，自己是自己的主人，自己掌握自己和控制自己，应该很容易。但老子认为，战胜自己比战胜别人更困难，所以"能够自己战胜自己的人，那就是强大"。亚里士多德说："有自制力的人能坚持他通过理性论断所得的结论。……有自制力的人服从理性，在他明知欲望是不好的时候，就不再追随。人们认为，一个能节制的人既能自制又能忍耐。"（《尼各马科伦理学》，中国社会科学出版社1990年版，第142页）休谟说："一种最盲目、最固执而又最无法控制的信念最能激励人的本性。"（《休谟政治论文选》，商务印书馆1993年版，第147页）卡耐基的一位学员引用拉伯雷的一句话说："战胜自己的心灵，比攻占一个城市还要伟大。"（《人性的弱点全集》，中国发展出版社2009年版，第37页）

知足是自己对已有的经历和所得的肯定，不是满足现状，不求进取；知足是对自己所拥有的世界的充分欣赏，不是别人都不如自己。不懂得知足的人，是对自己的否定；不知道知足的人，就不知道自己拥有的东西的价值。《墨子·亲士》说："非无安居也，我无安心也；非无足财也，我无足心也。"卡耐基说："想想自己拥有老天赐予的恩惠，你就不会再有忧虑了。"(《人性的弱点全集》，第48页) 他还引用叔本华的一句话说："我们很少想到我们所拥有的，却总是想自己缺失的。这种倾向实在是世界上最令人不幸的事之一。"（同上书，第49页）

人容易有愿望、有理想，难在其行，难在其求。有志的人，是一心一意的人，是坚持不懈的人，是努力行动的人。《庄子·天地》说："人者，非其志不之，非其心不为。虽以天下誉之，得其所谓，謷然不顾；以天下非之，失其所谓，傥然不受。"《庄子·达生》说："用志不分，乃凝于神。"《黄帝四经·称》说："心之所欲则志归之，志之所欲则力归之。"

生命有元气，人生有常道。守道生活，合理生活，是最好的生活。郭店竹简《语丛一》说："物各至于其所。"《庄子·在宥》说："至道之精，窈窈冥冥；至道之极，昏昏默默。无视无听，抱神以静，形将自正。必静必清，无劳女形，无摇女精，乃可以长生。目无所见，耳无所闻，心无所知，女神将守形，形乃长生。"《庄子·徐无鬼》说："风之过，河也有损焉；日之过，河也有损焉；请只风与日相与守河，而河以为未始其撄也，恃源而往者也。故水之守土也审，影之守人也审，物之守物也审。"

生命有限，精神无限；形体易失，精神永恒。《左传》襄公二十四年："太上有立德，其次有立功，其次有立言，虽久不废，此之谓不朽。"

第三十四章

大道慈爱万物，万物归顺大道。

大道氾兮[1]，其可左右[2]。万物恃之以（而）生而不辞[3]，功成不名有[4]，衣养万物而不为主[5]。常无欲[6]，可名于小[7]；万物归焉而不为主[8]，可名为大[9]。以其终不自为大[10]，故能成其大。

[注释]

[1]大道：最高的道，根本之道。氾：通"泛"，水向四处溢漫，广泛。《庄子·天下》说："泛爱万物，天地一体也。""大道"，河上公本、想尔注本、傅奕本、敦煌甲本同，帛书本、汉简本作"道"。　[2]其：它。左右：这里指无所不适。　[3]恃之：借助它，依靠它。不辞：不推辞。"以"，王弼本作"而"。"恃之而生"，河上公本同，傅奕本作"恃之以生"，想尔注本、敦煌甲本作"恃以生"。这里的"以"，意思即"而"。于文则以"以"为长。今据改。　[4]不名有：不认为是自己所有。　[5]衣养：抚养，养育。

不为主：不把自己当成主宰。前面这几句话虽文句、文字有差异，甚至比较乱，但其意思大体相同。　[6] 无欲：无欲无求，不贪求。　[7] 名：称呼。于：作，为。《荀子·正论》说："是特奸人之误于乱说。"《韩诗外传》卷二说："吾望见吾子似于君子，是以情也。"小：卑微。　[8] 归：归顺。　[9] 大：崇高。　[10] 以其：因其。终：自始至终。"以其"，帛书本、汉简本、河上公本、想尔注本、傅奕本、敦煌甲本皆作"是以"，且后皆有"圣人"二字。此句整体上描述的是"道"。"以其"也通。"圣人"之后，帛书本、汉简本相近，王弼本、河上公本、想尔注本、傅奕本、敦煌甲本相近。但文意皆通。

[点评]

这一章主要讲述道的特性和美德，讲述圣人遵循道、奉行道的美德。本章大意是：大道广大无限，它能够适用所有的事物。万物依靠它生存变化，它从不推辞；它造就了万物，但从不称自己有功。它养育了万物，但从不以自己为造物主，且从来无欲无求，可以说它很卑微。万物都归顺它，但他从不把自己当作主宰，因此，可以说它很崇高。

越是普遍性的东西，就越具有适用性。无限的东西，有更多的可能；有限的东西，其他的可能性就少。纯朴的大圆木，可以制成各种家具；已经制作成家具，就很难再用它制造其他家具。王弼《老子指略》说："故可道之盛，未足以官天地；有形之极，未足以府万物。"

道是根，是本，具有无限的可能，具有无限的适用性。王弼说："夫物之所以生，功之所以成，必生乎无形,由乎无名。无形无名者,万物之宗也。"(《老子指略》)《庄子·知北游》说"道无所不在":"扁然而万物,自古以固存。六合为巨,未离其内;秋豪为小,待之成体;天下莫不沈浮,终身不故;阴阳四时运行,各得其序;惛然若亡而存;油然不形而神;万物畜而不知。此之谓本根,可以观于天矣!"

同样,效法大道的圣人,他始终不自以为伟大,所以他能够成为崇高。

第三十五章

执大象[1]，天下往[2]；往而不害，安平太[3]。乐与饵[4]，过客止[5]。

道之出言（口）[6]，淡乎其无味。视之不足见[7]，听之不足闻[8]，用之不可（足）既[9]。

好的东西，要善于分享。

[注释]

[1]执：掌握。大象：即"无象之象""大象无形"之"象"，指"道"。 [2]往（旧读 wàng）：归向。《穀梁传》庄公三年说："其曰王者，民之所归往也。"《史记·孔子世家》说："虽不能至，然心向往之。" [3]安：安定，安宁。或释为连词，意思是乃、于是。于义亦通。平：和平，太平。太：通"泰"，康宁。《庄子·庚桑楚》说："宇泰定者，发乎天光。""太"，诸本或同，或作"大"，或作"泰"。三字古通用。"太""大"通"泰"。 [4]乐：音乐。饵：糕饼，食物。这里指美食。 [5]过客：过往的宾客。止：停留

下来。　[6]"出口",河上公本同,郭店本残缺,帛书本、汉简本、想尔注本、傅奕本、敦煌甲本作"出言",王弼注说:"而道之出言淡然无味。"可见,王弼本原抄本亦为"出言",原本当作"出言"。今据改。出言:用语言表达出来。　[7]不足见:不能看见。　[8]不足闻:不能听见。　[9]既:尽。"不可",王弼本作"不足",郭店本、帛书本、汉简本、河上公本、想尔注本、傅奕本、敦煌甲本皆作"不可"。根据王弼注所说"乃用之不可穷极也",可知原抄本作"不可"。"不足"于义不通。今据改。

[点评]

这一章的内容,一是讲述执政者只要掌握了道,就能造福于人民;二是讲述道的特征和无限的作用。本章大意是:执政者掌握了超形脱象的大象——道,天下的人都会心悦诚服地归向他。人民满腔热情地归向他,而又不受到任何伤害,天下就安定、太平、康宁。音乐和美食令人快乐,过往的客人遇到了,也会被吸引,驻足欣赏和品尝。但"道"却不是这样,用语言把它说出来,它寡淡无味,去看它却看不到,去听它也听不到。但如果使用它,则用之不尽。

老子说的"大象",是"道"的隐喻之一。道没有具体事物那样的形象,但它是实有,是"无象之象"。《庄子·秋水》说:"夫自细视大者不尽,自大视细者不明。夫精,小之微也;垺,大之殷也。故异便。此势之有也。夫精粗者,期于有形者也;无形者,数之所不能分也;不可围者,数之所不能穷也。可以言论者,物之粗也;可以意致者,物之精也;言之所不能论,意之所不能察致者，不期精粗焉。"

道可大用，也可小用。用之治理天下之大，天下无不治，万民莫不安全、安定、安逸。《韩非子·主道》说："道在不可见，用在不可知。虚静无事，以暗见疵。见而不见，闻而不闻，知而不知。知其言以往，勿变勿更，以参合阅焉。官有一人，勿令通言，则万物皆尽。"

美好的事物吸引人。南朝宋谢灵运在《拟魏太子邺中集诗八首序》中说："天下良辰、美景、赏心、乐事，四者难并。"《陈书·孙瑒（liù）传》说："每良辰美景，宾僚并集，泛长江而置酒，亦一时之胜赏焉。"美食、美乐让人留连忘返，何况是美德，何况是大道。

第三十六章

做人心志单纯,做事大脑复杂。

将欲歙之[1],必固张之[2];将欲弱之,必固强之;将欲废之,必固兴之[3];将欲夺之,必固与之[4]。是谓微明[5]。

柔弱胜刚强[6]。

鱼不可脱于渊[7],国之利器不可以示人[8]。

[注释]

[1]歙(xī):闭合,收缩。之:它(们),他(们)。 [2]固:通"姑",姑且,暂且。张:张开,扩大。 [3]兴:兴起,兴盛。《国语·周语上》说:"国之将兴,其君齐(zhāi)明、衷正、清洁、惠和。"《管子·牧民》说:"政之所兴,在顺民心。" [4]与:施与,给予。《孟子·万章上》说:"天子不能以天下与人。"《韩非子·忠孝》说:"此明君且常与,而贤臣且常取也。""与",河上

公本、想尔注本、傅奕本、敦煌甲本同，帛书本、汉简本作"予"。"与""予"，于义皆通。　[5]微明：精明，高明。　[6]"柔"，帛书乙本、河上公本、想尔注本、傅奕本、敦煌甲本同；帛书甲本作"友"，读为"柔"；汉简本作"耎（ruǎn）"，韩巍注说同"软"，意为柔和、柔弱。《战国策·楚策一》说："郑、魏者，楚之耎国，而秦楚之强敌也。""柔""耎"，义近皆通。"柔弱胜刚强"，河上公本、想尔注本、敦煌甲本同，帛书本作"柔弱胜强"，汉简本作"耎弱胜强"，傅奕本作"柔之胜刚，弱之胜强"。诸本于文有别，于义皆近。　[7]脱：离开。　[8]利器：精良的工具，指权柄。《国语·晋语四》说："利器明德，以厚民性。"示：摆出来或指出来让人看和知道。这里指告诉，告知。

[点评]

这一章主要是讲述事物相反相成，评述以守为攻、以退为进的道理。本章大意是：对于事物，如果你想收缩它，就一定要暂且扩张它；如果你想要削弱它，就一定要暂且去加强它；如果你想废除它，就一定要暂且去振兴它；如果你想要夺取它，就一定要暂且给予它。懂得了这些道理，这就叫做精明。柔弱的东西充满着力量，它能够战胜刚硬和强大的东西。请谨慎，鱼不可脱离开它生活的水，掌握国家权力的重要方法，不可以告诉人。

《老子》这一章的一些话，见之于《韩非子》的《喻老》和《说林》，又见之于《战国策·魏策一》，后两者以"《周书》曰"引用。《韩非子·喻老》举例解释说："越王入宦于吴，而观之伐齐以弊吴。吴兵既胜齐人于艾陵，张之于江、济，强之于黄池，故可制于五湖。故曰：'将欲翕之，必固张之；将欲弱之，必固强之。'晋献公将欲袭虞，遗之以璧马；知伯将袭仇由，遗之以广车。故曰：'将欲取之，必固与之。'起事于无形，而要大功于天下，'是谓微明'。处小弱而重自卑，谓'损弱胜强也'。"

这一章老子教导人们的东西，被认为有很强的权术性，甚至是阴谋诡计。兵不厌诈，出奇不意，用在军事上，可有制胜之机。人与人之间的交往，老子崇尚纯真和朴实；执政者治理国家，老子也要求用正常的方法。

不同于尚阳、尚刚，老子在阴性和柔性中发现了力量和创造力。照《说苑·敬慎》的记载，老子从他的老师常枞那里受到了启发："常枞有疾，老子往问焉，曰：'先生疾甚矣，无遗教可以语诸弟子者乎？'常枞曰：'子虽不问，吾将语子。'常枞曰：'过故乡而下车，子知之乎？'老子曰：'过故乡而下车，非谓其不忘故耶？'常枞曰：'嘻，是已。'常枞曰：'过乔木而趋，子知之乎？'老子曰：'过乔木而趋，非谓其敬老耶？'常枞曰：'嘻，是已。'张其口而示老子曰：'吾舌存乎？'老子曰：'然。''吾齿存乎？'老子曰：'亡。'常枞曰：'子知之乎？'老子曰：'夫舌之存也，岂非以其柔耶？齿之亡也，岂非以其刚耶？'常枞曰：'嘻，是已。天下之事已尽矣，无以复语子哉！'"

水表面上很柔弱，但它有自身的力量。《左传》昭公二十年说："夫火烈，民望而畏之，故鲜死焉；水懦弱，民狎而玩之，则多死焉。"

俗语说：鱼离不开水，老虎不出深山。水是鱼之本，深山是老虎的用武之地。失本不能生存，没有用武之地，优势变成劣势。

  国家权力是神圣之物，不可渡让，不可让野心家窥视和觊觎，不可让阴谋家有可乘之机。

第三十七章

有一种力量，它让所有的东西都有力量。

道常，无为而无不为[1]。侯王若能守之[2]，万物将自化[3]。化而欲作[4]，吾将镇之以无名之朴[5]。无名之朴，夫亦将无欲[6]。不欲以静[7]，天下将自正（定）[8]。

[注释]

[1]"道常，无为而无不为"，河上公本、想尔注本、傅奕本、敦煌甲本同，郭店本读"道恒无为也"，汉简本作"道恒无为"，帛书本作"道恒无名"。疑帛书本误写。王弼本近郭店本和汉简本。 [2]侯王：诸侯王，君主。 [3]自化：自己生长，自己化育。化：生长，化育。《庄子·在宥》说："汝徒处无为，而物自化。" [4]欲作：欲望发作，贪欲兴起。 [5]镇：压，抑制，制止。《楚辞·九章·抽思》说："愿摇起而横奔兮，览民尤而自镇。"王逸注："镇，止也。"无名：没有名称，即"道"。朴：纯朴，

朴实。　[6]无欲：不贪求。《说文·欠部》："欲，贪欲也。""无欲"，河上公本、想尔注本、傅奕本、敦煌甲本作"不欲"，郭店本作"知足"，帛书本、汉简本作"不辱"（读为"不欲"）。无欲、不欲、知足，义近皆通。于文当为"不欲"，王弼本下句"不欲"亦是一证。　[7]以：而，就。静：宁静。"不欲"，河上公本、傅奕本同，帛书本、汉简本作"不辱"（读"不欲"），想尔注本、敦煌甲本作"无欲"，郭店本作"知足"。　[8]"天下"，河上公本、傅奕本同，帛书本、汉简本、想尔注本、敦煌甲本作"天地"，郭店本作"万物"。上文有"万物将自化"，并根据第一章"无名万物之始"和其他章，郭店本"万物"当为正。"天下""天地"疑误抄。"自正"，王弼本作"自定"，郭店本、河上公本同，帛书本、汉简本、傅奕本、敦煌甲本作"自正"，想尔注本作"自止"。《黄帝四经·论》说："物自正也，名自命也，事自定也。"于义"定""正"皆通。于文"正""定"亦相通。据《老子》第五十七章"我好静而民自正"之例，"定"当读为"正"。"止"疑同"正"形近而误抄。今据改。

[点评]

这一章主要讲述道的无为特性，讲述执政者只要遵循道进行治理，就会有最好的效果。本章大意是：道是永恒的，它不干涉万物，始终清静无为。其结果是无所不成，无所不治。诸侯国的君王如果能够学习道的活动方式，持守道来治理，万物都能自己生长、自己化育。万物在自己的生长、化育中，如果产生了异常和贪欲，作为治理者，我就将用无名大道的纯朴来加以抑制。通过施行无名大道的纯朴，万物就不会再有贪求。万物不会再有贪求，就能达到宁静，就能自己恢复正常。

"道"的运行方式是"无为"。老子中说"道"是"无为"，只有这一个例子。正是这一用法，证明圣人、君王的"无为"，是来源于道的"无为"。正如"道"的"柔弱"，是君王柔弱的来源一样。《庄子·至乐》中也讲到天地的无为："天无为以之清，地无为以之宁。故两无为相合，万物皆化。"

君王遵循道的无为进行统治，不干涉和控制万物，万物就能按照自身的本性变化。但它的变化如果不遵循道，它就会出现异常，出现"化而欲作"的不正常。"万物将自化"是正常的"化"，"欲作"是事物不正常的"化"。"作"的本义是人起身，引申为兴起、做等，它原本没有贬义。老子使用的"作"有的也不是贬义。不正常的"作"，还有《老子》第十六章说的"万物并作，吾以观复"这一句话中的"作"（"并作"），它也是表示事物的负面活动，是贬义。下一句的"观复"，就像"化而欲作"的下文"吾将镇之以无名之朴"那样，它说的是对"并作"的"纠偏"。"万物并作"的下文是"不知常，妄作凶"。根据这里的"妄作"，也可知"并作"的"作"是指事物的异常活动。

下 篇

第三十八章

上德不德[1]，是以有德[2]；下德不失德[3]，是以无德。上德无为而无以为[4]。下德为之而有以为[5]。上仁为之而无以为[6]，上义为之而有以为[7]，上礼为之而莫之应[8]，则攘臂而扔之[9]。

故失道而后德，失德而后仁，失仁而后义，失义而后礼。夫礼者，忠信之薄而乱之首[10]。

文明有盛衰，历史不走直线。

人生在于选择。好的人生是好的选择的结果。

前识者[11]，道之华而愚之始[12]。是以大丈夫处其厚[13]，不居其薄；处其实[14]，不居其华。故去彼取此[15]。

[**注释**]

[1]上德：上等的德，即"大德""高德"，亦即老子的"孔德""玄德"和"恒德"等。不德：不显其德，不自以为有德。 [2]是：这。以：因为。是以：因为这。 [3]下德：下等的德，即"小德"，自以为有德。不失德：念念不忘自己的德，争德。 [4]"无以为"，《韩非子·解老》和傅奕本作"无不为"。据老子说的道"无为而不为"，作"无不为"于义为长。"无不为"即"所有的事情都可以做好"。下文的"无以为"，指不造作，不刻意去为。 [5]"下德为之而有以为"，其他今本、汉简本和敦煌甲本均有，《韩非子·解老》和帛书本无。据此，并根据上下文意，此句实为增益。 [6]上仁：上等的仁，即"大仁"。 [7]上义：上等的义，即"大义"。有以为：刻意去为。 [8]上礼：上等的礼，即"大礼"。莫之应：无人响应。 [9]攘（rǎng）：捋起。攘臂：捋起袖子露臂，表示兴奋或愤怒。扔：拉。扔之：用力拉拽别人。 [10]薄：少，小，浅薄，缺乏。首：首要，这里指罪魁祸首，不是指"开始""开端"。 [11]前识：先入为主，没有根据的臆测。《韩非子·解老》说："先物行、先理动之谓前识。前识者，无缘而妄意度也。" [12]华：虚华，不实。指形式上的"礼"。 [13]处：安，置身。这里指据有。厚：大，多，敦厚。这里指"道"和"德"。 [14]实：朴实，真实。这里指"道"和"德"。 [15]彼：指虚华和缺乏。此：指朴实和敦厚。

[**点评**]

由这一章开始的传世本《老子道德经》下，最初是《老子道德经》上。

这一章主要讲述价值的不同等级和层次，讲述仁义和礼是文明退化和衰败的产物，为了拯救文明，必须回到大道和大德。本章大意是：大德之人对人有恩德而不自居其德。正因为这样，他才是真正有德的人。小德之人对人有一点恩德就自居其德。正因为这样，他就不是真正有德的人。大德的人秉持道的无为原则，他包容一切并成就一切；大仁的人对人施予仁爱，他有所作为而无勉强刻意之心；大义的人仗义公正，他有所作为而又有勉强刻意之处；大礼的人彬彬有礼，他有所作为而得不到人们的响应就去勉强别人。所以，丧失了道之后就有了其次的德，丧失了德之后就有了其次的仁，丧失了仁之后就有了其次的义，丧失了义之后就有了最后的礼。礼包含的忠信最少，它是造成祸乱的罪魁祸首。先入为主的偏见是外加在大道之上的不实之物，它是走向愚蠢的开始。因此，大志大德之人，他操守敦厚而远离浅薄；他持守真实而远离虚华。所以，他选择好的这一方面，抛弃不好的另一方面。

这一章的内容，整体上统一、连贯。它将更高的道德价值同仁义礼等价值等差化。这种等差，一方面呈现为从高到低的序列：上德→上仁→上义→上礼；道→德→仁→义→礼。另一方面，它又表现为最高的道德价值，同一般的仁义礼等伦理价值的对立。两者对立的更典型表现，见之于《老子》第十九章："绝圣弃智，民利百倍；

绝仁弃义，民复孝慈；绝巧弃利，盗贼无有。"

这一章有不同的层次。第一个层次是"上德"与"下德"的不同。"上德"即"高德""大德"，它是最高的德，即最高的道之德。具有上德的人，他具有美德而不自恃有德，他求德之实而不求德之名，他求德之施而不求德之报。这是老子和道家强调的"德"，也是它不同于一般世俗之德的高明之处。《庄子·养生主》说："为善无近名。"同"上德"相对的"下德"，它是境界低的德，是一般意义上的世俗之德。下德之人，他自认为有德，也自恃其德；他求德之名声，也求德之回报。老子的上德与下德之分，强调了道德价值高低的不同。

第二个层次是，说明上德、上仁、上义和上礼四者的不同。它们的不同是，无为和无以为、为之和无以为、为之和有以为、为之和不应。"无为"是老子和道家的最高之美德，是道的美德，也是圣人和侯王应具的美德。"无不为"是说具有了这种美德的人，他就能够成就一切。"为之"是相对于"无为"的"有为"，它积极地倡导，要求和带领人们去做，而不是由人们自己选择去做。前者是替人们选择并让他们去做，后者是由人们自己去选择并按自己的意愿去做。"无以为"即不造作、不自恃。"有以为"，是勉强和刻意之为。上德之人的无为而无不为，是老子和道家最理想的德；与此不同，"上仁"之人的"为之"，是"有为"之"为"，这种"为"达不到结果的最大化，它的可贵之处是不造作和不自恃有仁。"上义"之人的"为之"也是"有为"，它不同于上仁之人的地方是，它有造作和自恃有义。同样，"上礼"之人的做法，也是为之和有为，它造作、刻意。人们看透了他的虚伪和不真实，对他敬而远之。他不甘心，还勉强甚至强迫人们效法他。

第三个层次是，指出了伦理道德价值的衰落和不幸，认为低的价值是高的价值丧失的结果。人们既然失去了高的，就只好去实行低的，结果是越来越低。这一章的这一层意思，可以在《老子》第十八章中看到类似的表达："大道废，有仁义；智慧出，有大伪；六亲不和，有孝慈；国家昏乱，有忠臣。"在高低不同的价值等级中，"道"被看成是最高的价值，"德"被看成是其次的价值。这里的"德"应该是介于"上德"与"下德"之间的"德"。因为最高的德、上德是道之德。之后的价值则是仁、义和礼。《庄子·知北游》对此有一个很好的解释："夫知者不言，言者不知，故圣人行不言之教。道不可致，德不可至。仁可为也，义可亏也，礼相伪也。故曰：'失道而后德，失德而后仁，失仁而后义，失义而后礼。'礼者，道之华而乱之首也。故曰：'为道者日损，损之又损之，以至于无为。无为而无不为也。'今已为物也，欲复归根，不亦难乎！"

第四个层次是，老子批评"礼"和"前识"，认为"礼"是造成社会混乱、天下无道的根源；认为没有根据的主观臆测和先入为主的偏见，同"道"格格不入，是浮华不实的表现，它是人走向愚蠢的开始。"礼"是西周礼乐文明的核心。面对春秋时期的"礼崩乐坏"，孔子尝试重建礼的秩序。孔子继承西周的礼乐传统，从礼义、礼制和礼仪三方面发展礼学，认为天下有道就是复兴和重建

"礼"的秩序。但对老子来说，用"礼"不仅不能建立起良好的秩序，相反，它还是产生混乱和无序的原因。老子认为，正是"礼"造成了人的表面化、形式化和虚伪化，使人丧失掉了纯朴性和纯真性，破坏了道和德的根本价值。老子试图完全否定礼来建立价值和秩序是过激之论。其实儒家也强调虔诚和诚心，反对言不由衷的形式化的礼。在人类生活中，内外、表里统一的礼节和礼仪不可缺少。

从认知的意义上说，"前识"是指主观性的臆测和先入为主的偏见。从上下文的语境来看，"前识"是指人们"习焉而不察"和自以为是的"礼"的传统和价值。客观上讲，人们都有一些先见，不管是哪方面的。这些先见是认知和传承的结果，但它一旦被凝固化和教条化，它就会成为接受新的认知和价值的障碍。老子对礼和前识的批评不限于后者，他是整体性的否定。

这一章的最后一个层次是老子的正面立论。道德是最高的价值，仁和义，特别是礼，则是最高价值不幸丧失的结果。选择和复活最高的道德价值，同时就是克服和抛弃低等级的价值，抛弃造成混乱的礼和前识。好与不好泾渭分明，何去何从，老子的教导是"去彼取此"。志向高远和有所作为的人，他追求大道和大德的价值，他就一定会抛弃一切形式化的礼和华而不实的东西。《淮南子·齐俗训》说："率性而行谓之道，得其天性谓之德。性失然后贵仁，道失然后贵义。是故仁义立而道德迁矣，礼乐饰则纯朴散矣，是非形则百姓眩矣，珠玉尊则天下争矣。凡此四者，衰世之造也，末世之用也。夫礼者，所以别尊卑,异贵贱;义者,所以合君臣、父子、兄弟、夫妻、朋友之际也。今世之为礼者,恭敬而忮;为义者,布施而德。君臣以相非,骨肉以生怨,则失礼义之本也。"

第三十九章

水有源,木有根。根深必叶茂,源足必流长。

昔之得一者[1],天得一以清[2],地得一以宁[3],神得一以灵[4],谷得一以盈[5],万物得一以生[6],侯王得一以为天下贞[7]。

其致之[8]。天无以清将恐裂[9],地无以宁将恐发[10],神无以灵将恐歇[11],谷无以盈将恐竭[12],万物无以生将恐灭[13],侯王无以贵高将恐蹶[14]。

故贵以贱为本,高以下为基。是以侯王自谓孤、寡、不穀[15]。此非以贱为本邪?非乎?故致数舆无舆[16],不欲琭琭如玉[17],珞珞如石[18]。

[注释]

[1]一：最高的统一体，本原，本根，"道"的近义词。得：得到，获得。 [2]以：而，就。清：清平，清静。 [3]宁：安宁，安宁。《周易·乾》说："首出庶物，万国咸宁。" [4]神：人死后的精灵，超自然的实体和力量，常与"鬼"合称"鬼神"。灵：灵妙，神奇。 [5]谷：川谷，山谷，空虚。盈：充满。 [6]生：产生，生存。"万物得一以生"，河上公本、傅奕本、敦煌甲本同，帛书本、汉简本、严遵本无。从逻辑关系上说，天、地、谷、侯王等都是万物的一部分，单列它们，又同时出现"万物"显得不类。 [7]侯王：诸侯王。以：而。为：使。贞：正。《吕氏春秋·贵信》说："百工不信，则器械苦伪，丹漆染色不贞。""贞"，傅奕本同，帛书本、汉简本、河上公本、严遵本、敦煌甲本作"正"。"贞""正"相通。正：治，治理；或指官长、君长。《尚书·说命》说："昔先正保衡，作我先王。"《国语·楚语上》说："天子之贵也，唯其以公侯为官正。" [8]致之：推而广之。这里的意思是反过来说。 [9]无以：没有办法，无法。裂：破裂，分裂。 [10]发：震动，毁坏。《左传》襄公二十八年说："陈无宇济水，而戕舟发梁。"或说"发"通"废"，倒塌。 [11]歇：消失，消停。《说文·欠部》说："歇，息也。" [12]竭：干涸，尽。《荀子·修身》说："厌其源，开其渎，江河可竭。"厌：堵塞。 [13]灭：尽，消失，灭绝。《庄子·应帝王》说："已灭矣，已失矣，吾弗及已。" [14]蹶（jué）：失败，挫败。 [15]不穀（gǔ）：不善，后为君王自称的谦辞。穀：善，好。 [16]致：求。数（shuò）：过多，超过常度。《礼记·祭义》说："祭不欲数，数则烦。" [17]琭琭（lù lù）：华美的样子。 [18]珞珞（luò luò）：坚硬的样子。

[点评]

这一章主要讲述"一"是万物的根源。本章大意是：天地万物都有根源，这个根源叫作"一"，也叫作"道"。过去很早的时候，天地和万物分别从"一"那里得到了它们的源泉。天得到了"一"的东西而清静，地得到了"一"的东西而安宁，神得到了"一"的东西而灵妙，川谷得到了"一"的东西而充实，万物分别得到了"一"的东西而产生，侯王得到了"一"的东西而使天下得到治理。反过来说，如果天地和万物失去了"一"，它们就失去了源泉。天若不能清静，恐怕就将崩裂；地若不能安宁，恐怕就将震动；神若不能灵妙，恐怕就将休止；川谷若不能充满水流，恐怕就将干涸；万物不能生存，恐怕就将灭亡；侯王若不能治理，恐怕就将失去天下。从人世的贵贱和事物的高下关系来说，显贵不仅离不开卑贱，反而还要以卑贱为根本；高上不仅离不开低下，反而还要以它为基础。正因为如此，侯王称自己是孤、寡人、不穀，这不就是以卑贱为根本吗？难道不是吗？所以，求取过多的荣誉，结果就没有荣誉。保持纯朴和柔弱吧，别去希冀像玉石那样华美，别去希冀像石头那样坚硬。

"一"原是一个数字，是最小的正整数。《说文·一部》解释"一"说："惟初太始，道立于一，造分天地，化成万物。"这是哲学意义上的"一"。哲学上的"一"，由老子创立。这一章中的"一"，是天、地、神、谷和侯王等的根源。"得"是指"得到"和"获得"，也是指"分得"。道家哲学后来将"道""一"和事物的"德"联系起来,提出"德"即"得"。

世界上,相比于其他事物,天、地、神、谷和侯王等都是重要的。既然它们的本性都得自于"一",分得于"一",其他事物就不用说了。"得一"是说"万物"的各自本性都得自于"一",来自于"一",当然也是得自于"道"。《庄子·大宗师》说万物之"德"皆"得"于"道":"狶(xī)韦氏得之,以挈天地;伏戏氏得之,以袭气母;维斗得之,终古不忒;日月得之,终古不息;堪坏得之,以袭昆仑;冯夷得之,以游大川;肩吾得之,以处大山;黄帝得之,以登云天;颛顼得之,以处玄宫;禺强得之,立乎北极;西王母得之,坐乎少广,莫知其始,莫知其终;彭祖得之,上及有虞,下及五伯;傅说得之,以相武丁,奄有天下,乘东维、骑箕尾,而比于列星。"《韩非子·解老》说万物都"得"之于"道":"天得之以高,地得之以藏,维斗得之以成其威,日月得之以恒其光,五常得之以常其位,列星得之以端其行,四时得之以御其变气,轩辕得之以擅四方,赤松得之与天地统,圣人得之以成文章。""得道"也是"得一"。反过来说,万物失去了"道",失去了"一",就失去了根本,失去了根基。

地位高与地位低,尊贵与卑贱,是相反的两极。人们都希望高贵,希望有地位,希望摆脱卑贱,希望当人上人。老子规劝说,高贵离不开卑贱,高贵者以卑贱为基础。没有卑贱者的支撑,就没有显赫的高贵。因此,高贵者不要忘记卑贱者,不要傲慢,不要目中无人。得自哪里的,还会失自哪里。萧何成之,萧何亦败之。《荀子·王制》说:"马骇舆,则君子不安舆;庶人骇政,则君子不安位。马骇舆，则莫若静之，庶人骇政，则莫若惠之。选贤良，举笃敬，兴孝弟，收孤寡，补贫穷，如是，则庶人安政矣。庶人安政，然后君子安位。传曰：'君者，舟也；庶人者，水也。水则载舟，水则覆舟。'此之谓也。故君人者，欲安，则莫若平政爱民矣；欲荣，则莫若隆礼敬士矣；欲立功名，则莫若尚贤使能矣，是君人者之大节也。"

第四十章

反者,道之动[1];弱者,道之用[2]。天下万物生于有[3],有生于无[4]。

道包容万物,道监护万物。

大道有"有",大道有"无"。

[注释]

[1]反:通"返",返回,回归。动:运动,活动。"反",郭店本作"返"。"反"同"返"。其他诸本同王弼本。 [2]弱:柔和,弱力,不强制。用:作用。 [3]有:有形的事物。 [4]无:无形的事物。"有生于无",郭店本作"生于无",其他诸本同王弼本。疑原本作"生于无"。

[点评]

这一章主要讲述道的活动和作用,讲述天下万物同道的有和道的无的关系。本章大意是:辅助异常的事物回到它们自身,是道的活动方式;对待事物柔和是道发挥作用的方式。天下万物既是从道的"实有"中产生，也是从道的"虚无"中产生。

老子的"反者，道之动"这句话，一直有不同解释。或者解释为道的循环，或者解释为道的返回，或者解释为道向相反方向的变化。这几种解释都不恰当。《老子》一书中的"反"，除"正言若反"的"反"，意思是指相反，其他的几个"反"字，都是借为"返"，郭店本即作"返"。"返"就是它的本字，而不是借为"反"。

"反者，道之动"的"返"，不是说道本身的返回，而是说道催使异常的事物"返回"。事物自行变化，不合乎道，发生异常，道就要使它们"返回"自身，回到自我。这正好同上句的"弱者，道之用"相对应。"柔"是老子的"道"的本性之一。《吕氏春秋·不二》将老子的思想概括为"贵柔"。但"柔"首先是"道"的柔。就像它的"无为"是对待万物的方式那样，它的柔也是对待万物的方式。"弱者，道之用"的真正意思是，柔弱地对待万物是道发挥它的作用的一种方式。道柔弱地对待万物，就是不主宰万物（"长而不宰"），以使事物能够自行变化。

第四十一章

上士闻道[1]，勤而行之[2]；中士闻道，若存若亡；下士闻道，大笑之[3]。不笑不足以为道。

故建言有之[4]：明道若昧[5]，进道若退[6]，夷道若颣[7]，上德若谷[8]，大白若辱[9]，广德若不足[10]，建德若偷[11]，质真若渝[12]。大方无隅[13]，大器晚成[14]，大音希声[15]，大象无形[16]。

道隐无名[17]，夫唯道善贷且成[18]。

先行者不怕孤独，充实者没有寂寞。

真人不露相，平淡中有神奇。

[注释]

[1]上士：才识高的士人。士：上古掌刑狱之官，在商、周贵族阶层中身份较低，从事不同的职业，有文士和武士之分。这里指文士和有才识的人。闻道：懂得了道。 [2]勤：尽心尽力做。《国语·鲁语上》说："夫圣王之制祀也，法施于民则祀之，以死

勤事则祀之。"行：做，践行，履行，实行。　[3]笑：讥笑，嘲笑。《荀子·儒效》说："其穷也，俗儒笑之。"　[4]建言：立言。　[5]明道：光明之道。昧：昏暗，暗淡。　[6]进道：前进、上进之道。退：后退。　[7]夷道：平道，平路。纇（lèi）：崎岖不平。　[8]上德：高德，大德。谷：山谷，川谷，低下。　[9]大白：纯白。辱：通"黗（rǔ）"，垢黑。　[10]广德：广大之德。　[11]建德：刚健之德。建：通"健"，刚健。偷：怠惰。《管子·幼官》说："执务明本，则士不偷。"同书《中匡》说："臣闻壮者无怠，老者无偷，顺天之道，必以善终者也。"　[12]质：质朴，纯朴。真：真实，纯真。渝：污染。　[13]大方：最大的方正。无隅：没有方角。　[14]大器：最大的器物。晚成：迟成，后成。后指人年岁较大才有成就。"晚成"，河上公本、严遵本、傅奕本、敦煌甲本同，帛书甲本残缺，帛书乙本作"免成"，郭店本作"曼成"，汉简本作"勉成"。"免""曼""勉"通"晚"。《韩非子》和《吕氏春秋》均作"晚成"。"曼""免""勉"皆当读"晚"。　[15]大音：最大的声音。希声：很少有声音。希：希少，罕见，稀疏。后作"稀"。　[16]大象：最大的形象。无形：没有表现和显露。"大象"，河上公本、严遵本、傅奕本、敦煌甲本同，帛书甲本残缺，郭店本、帛书乙本、汉简本作"天象"。疑"天"是"大"字的形近而误写。　[17]隐：隐蔽，隐藏。"隐"，河上公本、严遵本、傅奕本、敦煌甲本同，帛书甲本残缺，帛书乙本作"褒"，汉简本作"殷"。"褒""殷"，指"大"，义近，亦可通。无名：没有名称。　[18]唯：只有。贷：施，给予。成：成全，助之使成。《论语·颜渊》说："君子成人之美，不成人之恶。""善贷且成"，河上公本、严遵本、傅奕本、敦煌甲本同，帛书乙本作"善始且善成"，汉简本作"善貣且成"。韩巍说"貣"同"贷"，并据帛书乙本作"始"，认为"贷"（定母职部）与"始"（书母之部）音近可通，以"貣"为"始"。（参阅韩巍整理《北京大学藏西汉竹书［贰］》）出土文献中读"貣"为"始"的例子好像还没有，但读为"贷"的则有。如《秦律·仓律》《秦律答问》中的"貣"读为"贷"："宦者、都官吏、都官人有事上为将，令县貣（贷）之。""不当貣（贷）貣（贷）之，是谓'介（丐）人'。""始""贷"相通，借"始"为"贷"。《庄子·应帝王》中有"化贷万物而民弗恃"的说法。

[点评]

　　这一章的主要内容，一是不同的士人对待道也不同；二是"德"的不同特点。本章大意是：才识高的士人听说了道，他尽心尽力履行它；才识一般的士人听说了道，他似懂非懂，若有若无；才识低下的士人听说了道，他讥笑嘲讽。他无法理解道，更不会去遵循。道不受到嘲笑，反而不足以成为道。所以，曾经有人这样立言说：光明大道好似昏暗不清，前进之道好似往后退却，平坦大道好似崎岖不平。大德好像卑下不高，纯白好像有黑垢，广大之德好像不足，刚健之德好像怠惰，质朴纯真好像受到了污染。最大的方正没有角，最大的器物迟迟才成，最大的声音很稀少，最大的形象不显露出来。道隐微不显，没有一般事物那样的名称。只有道最善于施与万物并成全它们。

　　曲高和寡。懂得道不容易，行之更难，只有少数的高明之士，才能做到。对于才识一般的人来说，道变得无关紧要。对于庸人来说，道是被嘲笑的对象。《庄子·天地》说："是故高言不止于众人之心；至言不出，俗言胜也。"《庄子·秋水》说："井蛙不可以语于海者，拘于虚也;夏虫不可以语于冰者,笃于时也;曲士不可以语于道者,束于教也。"赫胥黎说:"新的真理的通常命运是,以异端邪说开始,以迷信告终。"(赫胥黎《科学与文化》,见阿马蒂亚·森《以自由看发展》,中国人民大学出版社2002年版,第111页)

万物各有其道,各有其德。各有其道,同归而殊途;各有其德,一致而百虑。

伟大的事物超常,不能用普通的标准去衡量。《礼记·学记》说:"君子曰:大德不官,大道不器,大信不约,大时不齐。察于此四者,可以有志于本矣。"有一句诗叫作"此时无声胜有声";有人说,听得见的音乐是美妙的,但听不见的乐音更美;也有人说,最大的确定性就是不确定。

道善于促成一切,资助一切,它是世界上最大的慈善家,不求回报,默默无闻。《庄子·则阳》说:"万物殊理,道不私,故无名。无名,故无为。无为而无不为。"《墨子·公输》记载:墨子为了拯救宋国而赴楚国,千辛万苦,功成而归,"过宋。天雨,庇其闾中,守闾者不内也。故曰:治于神者,众人不知其功。争于明者,众人知之"。

第四十二章

道生一[1]，一生二[2]，二生三[3]，三生万物。万物负阴而抱阳[4]，冲气以为和[5]。

人之所恶，唯孤、寡、不穀[6]，而王公以为称[7]。故物[8]，或损之而益[9]，或益之而损。

人之所教，我亦教之。强梁者不得其死[10]，吾将以为教父[11]。

有得有失，有失有得。

求全不责备，缺陷不可缺。

[注释]

[1]一：浑然未分之气。 [2]二：阴阳二气。 [3]三：阴阳和合之气 [4]负：背对着，背负。阴：阴气。抱：怀抱。阳：阳气。 [5]冲：摇动，调和。和：平和，和谐。 [6]唯：句首语气词，表示肯定。 [7]王公：天子与诸侯王。《周易·坎》："王公设险，以守其国。"《国语·周语中》说："王公立饫，则有房烝。""以为

称",河上公本同,帛书甲本、敦煌甲本作"以自名",帛书乙本残损,汉简本作"以自命",严遵本作"以名称",傅奕本作"以自称"。诸异文义近。 [8]物:事或人。 [9]或:有。损:减少,损害。益:增加,助益。《荀子·哀公》说:"故富贵不足以益也,卑贱不足以损也。" [10]强梁:强横。 [11]教父（fǔ）:施教的根本。父:通"甫",始,开始。"教父",河上公本、严遵本同,帛书甲本、汉简本、傅奕本、敦煌甲本作"学父",帛书乙本残损。"学"通"斆",读xiào,意思是教、教导。《尚书·盘庚上》说:"盘庚斆于民。"《国语·晋语九》:"顺德以斆子,择言以教子。""斆""教"义近。

[点评]

    这一章主要讲述道生万物,讲述人生之道。本章大意是:道产生了浑然一体的气,一体的气产生了阴气和阳气二气,二气产生了和合之气,和合之气产生了万物。万物都具有阴气和阳气两方面,在两者的相互作用下达到和谐。人们不喜欢的称呼,就有孤、寡人、不榖等,但王公大臣就用它们来自称。所以,对于事物或人,原本有减损的,反而是助益;原本是助益的,反而有减损。人们教诲我的这个道理,我也用来教诲别人。请记住,强横的人不能寿终正寝。我将把这作为施教的开始。

    万物从哪里来?人从哪里来?《诗经》等典籍的解释是,天生庶物,天生人。老子改变了这种解释,他以道为最高的创造者。《老子》第五十一章有"道生之"的说法。这一章讲道的创生,它先是产生一,由一生二,由二生三,由三生出万物。道能创造,因为它是最高的实有。老子没有直接说道是精气，但从"万物负阴而抱阳，冲气以为和"可知，万物都有阴阳两种力量，万物都有气。往上追溯，道的实在就应有气。

君王一人，掌握着国家的最高权力，没有谁比他的权力更大，没有谁比他的地位更高。他是唯一，他是天下最荣耀的人，也是天下最孤独的人。权力越大，越容易独断专行，因此，他必须谨慎和谦虚。

事物多种多样，关系错综复杂，得失利害，大小多少。《列子·天瑞》记载："粥（yù，通"鬻"）熊曰：'运转亡已，天地密移，畴觉之哉？故物损于彼者盈于此，成于此者亏于彼。损盈成亏，随世随死。往来相接，间不可省，畴觉之哉？'"《后汉书·冯异传》说："失之东隅，收之桑榆。"俗话说，不听老人言，吃亏在眼前。

第四十三章

春风化雨,润物无声;

潜移默化,鬼斧神工。

天下之至柔[1],驰骋天下之至坚[2]。无有入无间[3],吾是以知无为之有益[4]。不言之教,无为之益,天下希及之[5]。

[注释]

[1]至柔:最柔和。 [2]驰骋:纵马奔驰。至坚:最坚硬。 [3]无有:无形的东西。无间:没有间隙。 [4]是以:因此,所以。 [5]希及之:很少能够做到。及:赶得上,做得到。

[点评]

这一章主要讲述柔和、不言和无为的道理。本章大意是:天下万物中,最柔和的东西能够出入最坚硬的东西,无形的东西(如水和空气),能够渗入到没有间隙的东西之中。从这些道理中,我懂得了不干涉、不控制的益处。沉默不言是金，不去干涉大有益处，但天下的执政者很少能够做得到。

看起来柔弱的水，看起来平静的空气和微风，它们有难以抵挡的力量，无孔不入，无物不化。《列子·黄帝》说："天下有常胜之道，有不常胜之道。常胜之道曰柔，常不胜之道曰强。二者亦知，而人未之知。故上古之言：强，先不己若者；柔，先出于己者。先不己若者，至于若己，则殆矣。先出于己者，亡所殆矣。以此胜一身若徒，以此任天下若徒，谓不胜而自胜，不任而自任也。粥子曰：'欲刚，必以柔守之；欲强，必以弱保之。积于柔必刚，积于弱必强。观其所积，以知祸福之乡。强胜不若己，至于若己者刚；柔胜出于己者，其力不可量。'老聃曰：'兵强则灭，木强则折。柔弱者生之徒，坚强者死之徒。'"

"无为之治"，不动声色，看起来放手不管，清静无事，但它有强大的力量，它能让所有的人都释放出自己的力量，让所有的人都实现自己。

第四十四章

因小失大，举轻若重。

弱水三千，只取一瓢饮。贪求失去的更多。

名与身孰亲[1]？身与货孰多[2]？得与亡孰病[3]？

是故甚爱必大费[4]，多藏必厚亡[5]。知足不辱[6]，知止不殆[7]，可以长久[8]。

[注释]

[1]名：名誉，名声。身：身体，生命。亲：亲近，爱护。 [2]货：财货，财物。多：数量大，这里指重要。 [3]亡：失。病：忧虑，担心。《论语·卫灵公》说："君子病无能焉，不病人之不己知也。" [4]是故：因此。甚爱：贪恋，贪求。大费：大的消耗或耗费。费：耗费。"是故"，汉简本、严遵本、傅奕本、敦煌甲本同，郭店本、帛书甲本、河上公本无，帛书乙本残缺。 [5]厚：多。"多藏必厚亡"，汉简本、河上公本、严遵本、傅奕本、敦煌甲本同，帛书本残损，郭店本读"厚藏必多亡"。

意思一致。　[6]知足：懂得自足。不辱：不会有羞辱。　[7]知止：懂得适可而止。不殆：不会有危险。　[8]长久：立于不败之地。

[点评]

　　这一章，一是讲述个人的生命与外在的名声、财物等的关系，二是讲述人的知足和节制。本章大意是：人的名声和他的生命相比，何者更应受到爱护呢？人的生命同外在的财物相比，何者更重要呢？人得到的同他失去的相比，何者更令人担心呢？毫无疑问，人应该爱护他的生命，看重他的生命。根据这一道理，贪得无厌，就一定心疲力竭；太多的储藏，就一定会失去很多。知道自足，就不会有羞辱；知道适可而止，就不会有危险。这样，他就可以始终处于安全之地。

　　人生中，什么是重要的，什么是次要的，什么是应坚持的，什么是应该放弃的，要做出合适的选择取舍，绝非易事。人的生命是重要的，但人的行为又常常浪费生命、轻视生命，甚至好勇斗狠，铤而走险，死于非命。人想过一种好的生活，但又不选择一条正确的道路，误入歧途，胡作非为，违法犯罪。为了自己而失去了自己，为了多得而一无所有，为了名利而身败名裂。

　　人生有智慧。明智的人，生活节制，做事有度，虚怀若谷，适可而止。梭罗说："一个人越是有许多事情能够放得下，他越是富有。"（《瓦尔登湖》，上海译文出版社1997年版，第76页）

第四十五章

大的用途用在大处。

大成若缺[1]，其用不弊[2]。大盈若冲[3]，其用不穷[4]。大直若屈[5]，大巧若拙[6]，大辩若讷[7]。躁胜寒[8]，静胜热[9]，清静为天下正[10]。

[注释]

[1]大成：最完满。缺：缺陷。 [2]弊：竭，尽。《管子·侈靡》说："泽不弊而养足。" [3]大盈：最充实。冲：空虚。 [4]不穷：不尽。 [5]大直：最直。屈：弯曲。 [6]大巧：最灵巧。拙：笨拙。 [7]大辩：最雄辩。讷（nè）：说话迟钝。 [8]躁：躁动，跑动。胜：制止，克服。寒：寒冷。 [9]静：平静。热：炎热。 [10]清静：清闲、宁静。正：这里指官长、君长。

[点评]

这一章主要讲述伟大的事物非同寻常，看起来好像不足，但它却具有无限的力量。本章大意是：最完满的东西，非同寻常，看起来像是有缺陷，但使用起来它不会穷竭；最充实和盈满的东西，非同寻常，看起来就像是空虚没有，但使用起来无穷无尽。最直的东西，远远超出了一般的标准，看起来就像是有弯曲；最灵巧的人，出神入化，不虚张声势，看起来就像是笨拙；最能辩论的人，不强词夺理，看起来就像是口讷。在日常生活中，跑动可以克服寒冷，平静可以克服炎热。同理，清闲、宁静可以成为天下的君长。

  伟大的事物超常，内在的东西拥有真正的力量。《列子·杨朱》说："吞舟之鱼，不游枝流，鸿鹄高飞，不集污池。"超常有力，一般标准无法衡量。《庄子·齐物论》说："夫大道不称，大辩不言，大仁不仁，大廉不嗛，大勇不忮。"《庄子·至乐》说："故曰：至乐无乐，至誉无誉。"《淮南子·诠言训》说："大道无形，大仁无亲，大辩无声，大廉不嗛，大勇不矜。"超常有力，要有大的后盾。《庄子·逍遥游》说："且夫水之积也不厚，则其负大舟也无力。覆杯水于坳堂之上，则芥为之舟。置杯焉则胶，水浅而舟大也。风之积也不厚，则其负大翼也无力。"

第四十六章

天下有道[1],却走马以粪[2];天下无道[3],戎马生于郊[4]。

祸莫大于不知足[5],咎莫大于欲得[6]。故知足之足[7],常足矣。

祸害多自取。

[注释]

[1]有道:循道,行道。这里指和平。　[2]却:退还,减免。走马:善跑的马。以:用来。粪:粪肥。　[3]无道:背道,动乱无序。　[4]戎马:军马,战马。　[5]祸:祸害。不知足:不懂得适可而止。此句前,帛书本、汉简本和今本皆有"罪莫大于可欲"句。郭店本作"罪莫重乎甚欲"。疑抄脱。　[6]咎:灾祸,过错。"莫大于",河上公、严遵本、敦煌甲本同,郭店本读"莫险乎",帛书甲本、汉简本、傅奕本作"莫憯于",帛书乙本残缺。憯(cǎn):惨,痛。于义亦通。欲:贪欲。　[7]足:充足,满足。

[点评]

这一章的内容，一是批评战争，二是批评人贪得无厌。本章大意是：天下都遵循道而行，和平安宁，就可以减少军马，用它来为农田运送粪肥；相反，天下背道而行，战乱不断，马驹就会在战火弥漫的郊野出生。人的罪过没有比贪得无厌更严重的，人的祸害没有比不知足更大的，人的过错没有比非分之求更可怕的。所以，知足、知止的满足，才是最高的满足。

天下和平，人民安居乐业，牛马用于民生、农事，春种、夏长、秋收、冬藏。天下混乱无序，执政者好战，不顾人民的死活，穷兵黩武，民不聊生。《盐铁论·未通》说："农夫以马耕载，而民莫不骑乘；当此之时，却走马以粪。其后，师旅数发，戎马不足，牸牝入阵，故驹犊生于战地。"这一章继续谴责执政者的无道。

人有欲求，但不可贪求；人希望得到，但不可贪得。真正的利总是互利，真正的得总是互得。自己要活，别人也要活。贪得无厌的人，夺人之利，割人所爱，一时或可得逞，久之必遭其报，必得其祸，必被唾弃。

第四十七章

智慧在于沉思，沉思有妙想。

不出户，知天下；不窥牖[1]，见天道[2]。其出弥远[3]，其知弥少。是以圣人不行而知[4]，不见而名[5]，不为而成[6]。

[注释]

[1]窥（kuī）：从小孔、缝隙看。 [2]天道：自然的运行法则。 [3]弥远：越远。 [4]是以：因此，所以。不行：不出行。 [5]不见：不观察。名：命名，称说。 [6]不为：不做。

[点评]

这一章讲述的是，通过思考和推论，就能认识和掌握天道的法则。本章大意是：高明的人，善于思考和推理。他不出门，就可以知晓天下之事；他不通过门窗往外远望，就能够观察和认识天的法则。有的人不善于思考和推论，他喜欢外出察看，结果是，他走得越远，他知道得就越少。因此，圣人不这样做。他不远行，就能够有知；他不去观察，就能命名称说；他不去直接做，就能做成。

人的知，有经验的知，有推理的知。韩非强调经验和验证。《韩非子·解老》说："先物行先理动之谓前识。前识者，无缘而妄意度也。何以论之？詹何坐，弟子侍，有牛鸣于门外。弟子曰：'是黑牛也而白在其题。'詹何曰：'然，是黑牛也，而白在其角。'使人视之，果黑牛而以布裹其角。以詹子之术，婴众人之心，华焉殆矣！故曰：'道之华也。'尝试释詹子之察，而使五尺之愚童子视之，亦知其黑牛而以布裹其角也。故以詹子之察，苦心伤神，而后与五尺之愚童子同功，是以曰：'愚之首也。'故曰：'前识者，道之华也，而愚之首也。'"

事物有同有异。同异可类推，可以推己及人，也可以推己及物。墨子和荀子肯定推知。《墨子·鲁问》记载："彭轻生子曰：'往者可知，来者不可知。'子墨子曰：'籍设而亲在百里之外，则遇难焉，期以一日也。及之则生，不及则死。今有固车良马于此，又有奴马四隅之轮于此，使子择焉，子将何乘？'对曰：'乘良马固车，可以速至。'子墨子曰：'焉在矣来（焉在不知来）。'"《荀子·非相》说："以人度人，以情度情，以类度类。"

推知可以由近知远，由一知多。上博简《凡物流形》说："如欲执一，仰而视之，俯而察之。毋远求，度于身稽之。"《吕氏春秋·先己》记载："孔子见鲁哀公，哀公曰：'有语寡人曰：为国家者，为之堂上而已矣。寡人以为迂言也。'孔子曰:'此非迂言也。丘闻之,得之于身者得之人,失之于身者失之人。不出于门户而天下治者,其唯知反于己身者乎!'"《吕氏春秋·论人》说:"主道约,君守近,太上反诸己,其次求诸人。其索之弥远者,其推之弥疏;其求之弥强者,〔其〕失之弥远。"《淮南子·主术训》说:"而君人者不下庙堂之上,而知四海之外者,因物以识物,因人以知人也。故积力之所举,则无不胜也;众智之所为,则无不成也。"河上公注"不出户,知天下"一句说:"圣人不出户以知天下者,以己身知人身,以己家知人家,所以见天下也。"王弼注"吾何以知其天下然哉?以此"一句说:"言吾何以得知天下乎?察己以知之,不求于外也。所谓不出户以知天下者也。"

第四十八章

为学日益[1],为道日损[2]。损之又损[3],以至于无为[4]。无为而无不为[5]。取天下常以无事[6],及其有事[7],不足以取天下。

万能统治最低能。

[注释]

[1]为学:研讨学问。《论语·阳货》说:"汝为《周南》《召南》矣乎?"日益:不断增加。 [2]为道:研讨道。日损:不断减少。 [3]损之又损:减少又减少。 [4]以至于:由连词"以"、动词"至"和介词"于"构成,相当于"而达到"。《左传》昭公十六年说:"恃此质誓,故能相保,以至于今。"无为:不干涉,不强迫。 [5]无不为:没有什么不可以做到。 [6]取:治。以:凭借。无事:清静,不干扰。 [7]及其:等到。有事:干涉、干扰人民的生活。

[点评]

这一章的内容，一是讲述"为学"与"为道"的不同，二是讲述"无为"是治理天下的最好方式。本章大意是：研讨学术，是不断增加各种知识和学问的过程；研讨大道和智慧不同，它是不断概括、简化和贯通的过程。把这一方法运用到治理中，那就是简政又简政，最终达到不干涉。做到了不干涉，就没有什么做不到了。要治理天下，就要常常做到无事、清静。等到有事、干涉，就不能治理天下了。

知识与智慧不同，知识是对具体事物认知的结果，是经验世界中的学问；智慧是对世界根本和本性的领悟和普遍概括。各种经验科学，提供的是知识；哲学提供的是智慧，是世界观。默尔多赫说："哲学的目的就是要从思想上发现、挖掘最深刻和最一般的概念。"（《当代哲学对话录》，台湾商务印书馆1994年版，第525页）"哲学就是要从司空见惯中搜寻出绝对的异常，并就此提出刨根究底的问题。"（同上书，第526页）获得知识的方法，是博学多闻，多多益善；获得智慧的方法，是化繁为简，以少御多，统领一切。《老子》第八十一章说："知者不博，博者不知。"

求道是求智慧。"道"是"一"，是根本。执政者掌握道，就是掌握了最高的智慧。道无为，万物造就一切。《庄子·至乐》说："万物职职，皆从无为殖。故曰：天地无为也，而无不为也。"圣人无为，人民造就一切。道有为，万物不能自成；圣人有为，人民无法作为。《淮南子·原道训》说："是故圣人内修其本，而不外饰其末，保其精神，偃其智故。漠然无为，而无不为也；澹然无治也，而无不治也。所谓无为者，不先物为也；所谓无不为者，因物之所为。所谓无治者，不易自然也；所谓无不治者，因物之相然也。万物有所生，而独知守其根；百事有所出，而独知守其门。故穷无穷，极无极，照物而不眩，响应而不乏。"

自由开放的社会，每个人都能发挥自己的能力，全社会形成的合力，不可限量；压制和封闭的社会，人民被束缚和控制，没有动力，没有活力，无异于苟延残喘。诺齐克说："请注意，对个人实施严格控制的社会是不会有最高程度的有机统一性或价值的。它的价值小于自由社会——在自由社会中，人与人之间的主要关系是在自愿基础上形成的，并且根据他们周围的处于变化中的状况加以修正，从而形成以复杂方式相互联系起来的、变化不居的平衡。"（[美]诺齐克《经过省察的人生——哲学省思录》，商务印书馆2007年版，第149页）

第四十九章

圣人无常心[1]，以百姓心为心[2]。

善者[3]，吾善之[4]；不善者[5]，吾亦善之，德善[6]。信者[7]，吾信之[8]；不信者[9]，吾亦信之，德信[10]。

圣人在天下[11]，歙歙焉[12]，为天下浑其心[13]。百姓皆注其耳目[14]，圣人皆孩之[15]。

宽厚待人包容人。

[注释]

[1]"无常心"，河上公本、严遵本、傅奕本同，帛书甲本残缺，帛书乙本、汉简本作"恒无心"，敦煌甲本作"无心"。"无心"正对下文"以百姓心为心"。疑原本作"恒无心"，敦煌甲本脱"恒"字。 [2]百姓心：人民的心声、心愿。 [3]善者：善良的人。 [4]善之：善待之。 [5]不善者：不善良的人。 [6]德善：

得到善。德：得。　[7]信者：可以信赖的人。　[8]信之：相信他。　[9]不信：不可信赖的人。　[10]德信：得到信任。　[11]在天下：治天下。在：处，治。　[12]歙歙（xī xī）：闭合，收缩，意无偏持的样子。"歙歙"，傅奕本同；帛书本、汉简本、严遵本、敦煌甲本读为"歙歙"；河上公本作"怵怵"，疑为由"惵惵"而改，取韩巍说。"焉"，王弼本无此字，王弼注中有此字，今据此而补。　[13]为：使。浑：纯朴，单纯。《商君书·壹言》说："塞而不开则民浑。"　[14]"百姓皆注其耳目"，王弼本无，帛书乙本残损，帛书甲本、汉简本、河上公本、严遵本、傅奕本、敦煌甲本皆有此句，王弼注亦有此句。今据此补。注：集中，聚焦。《周礼·天官·兽人》说："令禽注入虞中。"　[15]孩之：使人像小孩那样（单纯质朴）。

[点评]

　　这一章讲述的内容，一是圣人顺从百姓的心愿，包容和厚待百姓，赢得了百姓的信任；二是圣人治天下，使百姓保持纯朴和天真。本章大意是：圣人常常没有自己的意愿，他以百姓的意愿为意愿。善良的人，我要善待他们；不善良的人，我也要善待他们。这样我就得到了善的价值。可信的人，我相信他们；不可信的人，我也相信他们。这样我就能得到信任。圣人治理天下，他心无偏持，使百姓心地单纯。百姓要将自己的注意力集中在耳聪目明上，圣人要关注的则是让百姓都像小孩那样纯朴无邪。

　　统治的正当性和合法性，在于合乎民心民意。《左传》襄公三十一年记载："《大誓》云：'民之所欲，天必从之。'"民的愿望,连上天都听从,统治者也必须听从。老子说,统治者没有独立于人民之外的心愿,人民的心愿就是他的心愿。这也是一种"民意论"。

善恶有因,信者互信,合情合理。但老子的善是最高的善,它是善待一切;老子的信也是最高的信任,它是信任一切。这是包容,是宽容。宽容恶者,使恶者有机会弃恶从善;宽容失去信用的人,使他有机会复归诚信。

做事需要能力,需要周全,为人要简单和单纯。胡适说:"做学问要在不疑处有疑,待人要在有疑处不疑。"殷海光说:"我是一个头脑复杂而心思单纯的人。"(《春蚕吐丝,殷海光最后的话语》,寰宇出版社1971年版,第68页)

第五十章

出生入死[1]。生之徒十有三[2]，死之徒十有三，人之生动之死地[3]，亦十有三。夫何故[4]？以其生生之厚[5]。

会贵生者忘生。

盖闻善摄生者[6]，陆行不遇兕虎[7]，入军不被甲兵[8]。兕无所投其角[9]，虎无所措其爪[10]，兵无所容其刃[11]。夫何故？以其无死地。

合理的生活最养生。

[注释]

[1]出生入死：从生到死。　[2]徒：类，同类。有：通"又"，连词，加在数字之间。　[3]死地：死亡之地，绝境。　[4]何故：什么缘故，什么原因。　[5]以其：因他（他们）。生生：孳生不绝，恒生。这里指养生。厚：多。　[6]盖：句首发语词。摄生：养生，调养。　[7]行：行走。兕(sì)：犀牛一类的野兽。《诗·小雅·何

草不黄》说:"匪兕匪虎,率彼旷野。""陆行",河上公本、严遵本、傅奕本、敦煌甲本同,帛书本、汉简本作"陵行"。义近。　[8]不被:不遭受,不蒙受。被:遭受,蒙受。甲兵:铠甲和兵器。　[9]无所:没有办法。投:投出,投向。这里指用。　[10]措:置,安放。　[11]容:通"庸"(yōng),用。《管子·大匡》说:"非夷吾莫能容。"

[点评]

这一章的内容,一是讲述人的寿命的长短,有先天的原因,有后天的原因;二是讲述什么是好的养生方法。本章大意是:人始于生,终于死。在人群中,生来寿命长的占到十分之三,生来寿命短的占到十分之三。此外,人在活动中招致死亡的又占到了十分之三。这种死亡是什么缘故?这是因为他们贪求无厌,养生太过。我听说,善于养生的人,他们在陆地上行走不会遇到兕牛和老虎;到了战场上,他们不会遭受兵器的伤害。对于他们,兕牛没有办法投出他们的利角,老虎无法伸出它们的爪牙,兵器没有办法用到它的利刃。为什么?因为他们根本就不进入到危险的绝境。

自然有不齐,人的寿命有长短。尼采说:"许多人死得太晚,有些人又死得太早。还有一说法听起更感奇异:'死得其时。'"(见[美]考夫曼编《存在主义》,商务印书馆1987年版,第106页)

人的死生有命的成分,也有智慧的力量。"命"者属先天,智慧属后天。先天需后天滋养,后天弥补先天不足。滋养、弥补,贵在顺其自然,遵循常道,合理生活,不在于铺张养生，走火入魔。《淮南子·精神训》说："是故五色乱目，使目不明；五声哗耳，使耳不聪；五味乱口，使口爽伤；趣舍滑心，使行飞扬。此四者，天下之所养性也，然皆人累也。故曰：嗜欲者，使人之气越；而好憎者，使人之心劳；弗疾去，则志气日耗。夫人之所以不能终其寿命，而中道夭于刑戮者，何也？以其生生之厚。夫惟能无以生为者，则所以修得生也。"

老子教导说，懂得养生的人，重在养神，重在守道。《韩非子·解老》说："是以圣人爱精神而贵处静。此甚大于兕虎之害。夫兕虎有域，动静有时。避其域，省其时，则免其兕虎之害矣。民独知兕虎之有爪角也，而莫知万物之尽有爪角也，不免于万物之害。何以论之？时雨降集，旷野闲静，而以昏晨犯山川，则风露之爪角害之。事上不忠，轻犯禁令，则刑法之爪角害之。处乡不节，憎爱无度，则争斗之爪角害之。嗜欲无限，动静不节，则痤疽之爪角害之。好用其私智而弃道理，则网罗之爪角害之。兕虎有域，而万害有原，避其域，塞其原，则免于诸害矣。……动无死地，而谓之善摄生矣。"

过守道合理的生活，就能避免各种危险：有形的，无形的，自然的，人事的。《庄子·秋水》说："知道者必达于理，达于理者必明于权，明于权者不以物害己。至德者，火弗能热，水弗能溺，寒暑弗能害，禽兽弗能贼。非谓其薄之也，言察乎安危，宁于祸福，谨于去就，莫之能害也。"

合理的生活是最好的生活，也是长寿的生活。《孔子家语·五仪》记载"哀公问于孔子曰：'智者寿乎？仁者寿乎？'孔子对曰：'然。人有三死而非其命也，行己自取也。夫寝处不时，饮食不节，逸劳过度者，疾共杀之。居下位而上干其君，嗜欲无厌而求不止者，刑共杀之。以少犯众，以弱侮强，忿怒不类，动不量力者，兵共杀之。此三者死非命也，人自取之。若夫智士仁人，将身有节，动静以义，喜怒以时，无害其性，虽得寿焉，不亦可乎！'"

第五十一章

道生之[1]，德畜之[2]，物形之[3]，势成之[4]。

是以万物莫不尊道而贵德[5]。道之尊，德之贵，夫莫之命而常自然[6]。

故道生之，德畜之。长之，育之[7]；亭之，毒之[8]；养之，覆之[9]。生而不有[10]，为而不恃[11]，长而不宰[12]，是谓玄德[13]。

善待一切者，被一切善待。

[注释]

[1]道：本原，本根。生：生出，产生。之：万物。 [2]德：美德。这里指道的美德。畜：蓄养。 [3]形：形成。 [4]势：力，力量。《孟子·告子上》说："今夫水，搏而跃之可使过颡，激而行之可使在山，是岂水之性哉？其势则然也。""势"，河上公本、严遵本、傅奕本同；汉简本读为"势"；敦煌甲本作"熟"，亦应

读为"势";帛书本作"器",疑为误抄。 [5] 是以:因此。尊道:崇尚道。贵德:珍惜德。 [6] 莫之命:不命令他们。《老子》第三十二章说:"天地相合,以降甘露,民莫之令而自均。"自然:自己如此,自己造就。"命",河上公本同,帛书本、汉简本、严遵本、傅奕本、敦煌甲本作"爵"。爵:封,授予爵位。其义与"命"不同。 [7] 长(zhǎng):助长,抚养。《诗·小雅·蓼莪》说:"父兮生我,母兮鞠我,拊我蓄我,长我育我。" [8] 亭:调和,调节。《史记·秦始皇本纪》说:"决河亭水,放之海。"《淮南子·原道训》说:"味者,甘立而五味亭矣。"毒:通"督",安,安定。《周易·师》说:"以此毒天下,而民从之。""亭之毒之",帛书乙本、傅奕本同,帛书甲本残缺,敦煌甲本作"成之熟之",汉简本、河上公本、严遵本读"成之熟之"。韩巍说,亭(定母耕部)与成(禅母耕部),毒(定母觉部)与熟(禅母觉部),音近通假。李零说诸本是为了通俗而改"亭之毒之"为"成之熟之"。 [9] 覆:覆盖。这里指庇护。《孟子·离娄上》说:"既竭心思焉,继之以不忍人之政,而仁覆天下矣。" [10] 有:占有。 [11] 恃:自恃有劳。 [12] 宰:主宰,控制。 [13] 玄德:深厚、深远的德。

[点评]

这一章主要讲述道与万物的关系,讲述道对万物的作用和美德。本章大意是:根源之道生出万物,它的德蓄养它们,它使万物形成它们的形体,它的力量促成万物生长、变化。因此,万物没有不尊崇道和珍惜它的德的。道的尊显,道之德的宝贵,在于它不命令万物而万物能够自己造就自己。所以,道生万物,蓄养万物,辅助它们成长、化育,调节和安定它们,抚育和庇护它们。道生养万物而不占有它们，为万物尽力而不自恃有劳，帮助万物成长而不主宰它们，这叫作道的深远的美德。

道创造了万物（"道生之"），同时又遵循和赞助万物各自的发展和变化（"道法自然""衣养"）。《庄子·天地》说："泰初有无，无有无名。一之所起，有一而未形。物得以生谓之德；未形者有分，且然无间谓之命；留动而生物，物成生理谓之形；形体保神，各有仪则谓之性；性修反德，德至同于初。"又说："故形非道不生，生非德不明。"

万物相互依存，相互作用，相互影响，相互渗透。《庄子·田子方》说："有待也而死，有待也而生。"

道的美德，崇高无私。它无声无息地活动，默默无闻地创造。它为世界带来一切，却不带走任何。

第五十二章

固本而有末，执末而失本。

天下有始[1]，以为天下母[2]。既得其母，以知其子[3]；既知其子，复守其母，没身不殆[4]。

塞其兑[5]，闭其门[6]，终身不勤[7]。开其兑，济其事[8]，终身不救。

遵循常道，幸福吉祥。

见小曰明[9]，守柔曰强。用其光[10]，复归其明[11]，无遗身殃[12]，是为习常[13]。

[注释]

[1]有始：有根源。　[2]母：母亲。这里指道。　[3]子：孩子。这里指万物。　[4]没(mò)身：终身。不殆：没有危险。　[5]塞：控制。兑：耳目等感官。　[6]闭：约束。门：心，心思。　[7]不勤：不劳苦。勤：劳苦。　[8]济：成，成功。　[9]小：细微。明：明智，有智慧。　[10]光：光亮。这里指道的光辉。　[11]明：明亮。

这里指道的光明。　[12]遗：招致。殃：灾祸。《周易·坤·文言》说："积善之家，必有余庆；积不善之家，必有余殃。"　[13]习常：因常，循常。习：通"袭"，因，循。"习常"，河上公本同，帛书甲本、汉简本、严遵本、傅奕本、敦煌甲本作"袭"，帛书乙本残缺。

[点评]

　　这一章的内容，主要是以母子关系来说明道与万物的关系。本章大意是：天下万物都有根源，这就是作为万物母亲的道。既然认识到万物有母亲——道，那就由此可以知道，道有其子——万物。既然知道万物是道之子，那么就会懂得万物都要复归于道，守住道。这样，人终身就没有危险。控制自己的感官，约束自己的心思，终身没有劳苦。放纵感官，无休止地繁忙、奔波，终身不可摆脱劳苦。能观察到细微的东西，这叫作明智；能够持守柔和，这叫作强大。运用心灵之光，复归到智慧之明，就不会招致灾祸，这叫作遵循常道。

　　道是万物的母亲，万物是道的子女。母亲生育子女，尽抚养、监护之责；子女跟随母亲，受母亲呵护而成长。树有枝蔓，要修剪；人遇歧途，不要误入。

　　合理的生活，节制有度。没有节制，久而久之，会深受其害。

　　明智的人，善于观察，细致入微，达极小之无内；善于保持谦和柔顺，就能化解一切，拥有广大世界。掌握世界的常道，就开启了快乐、幸福之门。

第五十三章

关键之时走错路，一错百错。

强盗的奢侈，好景不长。

使我介然有知[1]，行于大道[2]，唯施是畏[3]。大道甚夷[4]，而民好径[5]。

朝甚除[6]，田甚芜[7]，仓甚虚[8]。服文采[9]，带利剑，厌饮食[10]，财货有余，是为盗夸[11]。非道也哉[12]！

[注释]

[1]使：假使，假如。《论语·泰伯》说："如有周公之才之美，使骄且吝，其余不足观也已。"介（xiá）然：聪慧的样子。介：通"黠（xiá）"，聪慧。"介"，今本、帛书乙本同；帛书甲本读为"挈"；敦煌甲本作"爪"，疑误抄。"介"见韵月部，"挈"溪韵月部，音近相通。"挈"读为"介"。有知：掌握了道。 [2]大道：大路。这里指"道"。 [3]唯施（yí）是畏：即"畏施"，害

怕走斜路。施：通"迤（yí）"，斜行。 [4]夷：平坦。 [5]径：小路。 [6]朝：朝廷，朝堂。《孟子·梁惠王上》说："使天下仕者皆欲立于王之朝。"除：整治。《周易·萃》说："君子以除戎器，戒不虞。" [7]芜：荒芜。 [8]虚：空虚。 [9]文采：华丽的衣服。 [10]厌：饱。后作"餍"。 [11]盗夸：强盗的奢侈。夸：奢侈。《荀子·仲尼》说："贵而不为夸。""盗夸"，傅奕本同，河上公本、严遵本、敦煌甲本作"盗誇"，帛书甲本残缺，帛书乙本补全读为"盗竽"，汉简本同。"誇"读为"夸"。"竽"，韩非解释为"五音之声"。"盗竽"义为"盗首"。"竽"（匣韵鱼部）借为"夸"（溪韵鱼部），于文于义皆长。"盗夸"后，河上公本、傅奕本、敦煌甲本复有"盗誇（夸）"二字。 [12]非道：违背道。非：违背。《论语·颜渊》说："非礼勿视，非礼勿听，非礼勿言，非礼勿动。"

[点评]

这一章，一是讲述懂得道理的人，要走正道，不要误入歧途；二是批评统治者过强盗式的奢侈生活。本章大意是：假使我聪慧懂得道，那么行走在大路上，最担心的就是误入歧途。大道是非常平坦的，但总有人好走小路。不按道去治理的执政者，他的朝堂富丽堂皇，他使百姓的农田荒芜，仓库空虚，而他则穿戴华丽，财货绰绰有余，佩带着利剑，大吃大喝，这叫作强盗的奢侈。这完全违背了道。

人间有正道，有邪道。善于选择人生道路的人，行大道，行正道；不善于选择的人，行小道，行邪道。《论语·雍也》记载："子曰：'谁能出不由户？何莫由斯道也？'"误入歧途不知返，错上加错不知改，误了前程，误了人生。杨朱遇到歧途，不知所措而哭。《荀子·王霸》说："杨朱哭衢涂曰：'此夫过举跬步而觉跌千里者夫！'哀哭之。"《淮南子·说林训》："杨子见逵路而哭之，为其可以南，可以北。"

  社会是一个共同体，人人都有生存权。高下贵贱若两极，贫富差别太悬殊，生活有天壤之别，则国家不可长治久安。

第五十四章

善建者不拔[1]，善抱者不脱[2]，子孙以祭祀不辍[3]。

修之于身[4]，其德乃真[5]；修之于家，其德乃余[6]；修之于乡，其德乃长[7]；修之于国，其德乃丰[8]；修之于天下，其德乃普[9]。

故以身观身[10]，以家观家，以乡观乡，以国观国，以天下观天下。吾何以知天下然哉[11]？以此[12]。

人生很简单：做一件自己喜欢的事，做一个被人喜欢的人。

[注释]

[1] 善建：善于建立。不拔：不动摇，不变。拔：动摇，变易。《韩非子·解老》说："而今也玩好变之，外物引之；引之而往，

故曰'拔'。至圣人不然，一建其趋舍，虽见所好之物，不能引。不能引之谓'不拔'。" [2] 善抱：善于持守、坚持。抱：守，保持。不脱：不轻慢，不疏略。《韩非子·解老》说："于其情，虽有可欲之类，神不为动。神不为动之谓'不脱'。" [3] 以：因。祭祀：对神灵、祖先或死者表示敬意的礼仪。不辍（chuò）：不停止，不舍弃。《荀子·天论》说："天不为人之恶寒也辍冬，地不为人之恶辽远也辍广。""辍"，河上公本、严遵本、傅奕本同；敦煌甲本作"醊（zhuì）"，义为连续而祭，可通，或借为"辍"；郭店本作"乇"，读"辍"；帛书乙本、汉简本作"绝"，义近。 [4] 修：修养，修行。 [5] 真：纯真，真实。 [6] 余：足，厚。"乃余"，河上公本、傅奕本同；帛书乙本、汉简本、严遵本、敦煌甲本作"有余"；郭店本作"又舍"，读"有余"。"乃余""有余"，义近， [7] 长（cháng）：盛，兴盛。《吕氏春秋·知度》说："此神农之所以长，而尧舜之所以章也。" [8] 丰：多，厚。《国语·周语上》说："树于有礼，艾人必丰。" [9] 普：广大。"普"，河上公本、严遵本、敦煌甲本同，帛书乙本作"博"，汉简本作"薄"，傅奕本作"溥"。"博""溥""普"义近。"薄"通"溥"。 [10] 以身观身：从身本身来观察自身。 [11] 何以：用什么办法。 [12] 以此：用这种办法。

[点评]

　　这一章主要讲述建德立业以及修身、治家、治乡、治国和治天下。本章大意是：善于建德立业的人，他坚持不懈、孜孜以求；善于守道奉行的人，他不轻慢疏忽。正因为如此，他能够永远受到子孙的敬仰和祭祀。用道去修养自己，他的德就纯真；用道去治家，一家之德就充足；用道去治乡，一乡之德就兴盛；用道去治国，一国之德就丰厚；用道去平天下，整个天下之德就广大。为了达到这个目的，要从自己的实情来观察自己，要从家庭的实情来观察家庭，要从乡邑的实情来观察乡邑，要从国家的实情来观察国家，要从天下的实情来观察天下。要是有人问，我用什么方法掌握了整个天下的实情，那就是用这种方法。

有一种建设，它建的牢固、牢靠，千秋大基，巍然屹立；有一种坚持，它始终如一，百折不挠，功成名就，传之久远。目光短浅者，急功近利者，不谋将来，不可建功立业，无以造福人类。

事物有本性，各有自己的尺度。好恶不同，各从其愿。饮食者，各有自己的美味；居住者，各有适合自己的地方；欣赏者，各有自己喜欢的色彩。人不是万物的尺度。养鸟要用鸟喜欢的方式来养，己所欲也不可轻易施于人。

家庭、乡里、国家、天下，从小到大，都要从它自身来考虑。掌管之人，各尽其能，分而治之，家庭和睦，乡里相亲，国家安定，天下太平。

第五十五章

从柔和中获得力量。

含德之厚[1]，比于赤子[2]。蜂虿虺蛇不螫[3]，猛兽不据[4]，攫鸟不搏[5]。骨弱筋柔而握固[6]，未知牝牡之合而全作[7]，精之至也[8]。终日号而不嗄[9]，和之至也[10]。

知和曰常[11]，知常曰明[12]，益生曰祥[13]，心使气曰强[14]。

物壮则老[15]，谓之不道[16]。不道早已[17]。

[注释]

[1]含德：包含的德。厚：多。 [2]赤子：刚生的婴儿。 [3]蜂：昆虫的一种，有毒刺，会飞，能蜇人。虿（chài）：蝎子一类的毒虫。虺（huǐ）：一种毒蛇，俗称土虺蛇。蛇：爬行动物的一种，有的有毒。不螫（shì）：不咬人。螫：毒蛇咬人。 [4]猛兽：指虎、狼

等一些体形硕大而性情凶猛的野兽。不据：不抓。据：抓。　[5]攫（jué）鸟：指鹰、鹞（yào）、隼（sǔn）一类凶猛的鸟。不搏：不击，不捕捉。"猛兽不据，攫鸟不搏"，河上公本、严遵本、傅奕本类似；郭店本、帛书本、汉简本、敦煌甲本将"攫鸟猛兽"合在一起为句，意思类似。　[6]握固：握牢，握紧。　[7]牝牡之合：雌雄交媾。全（zuì）作：生殖器勃起。全：通"朘（zuì）"、"峻（zuì）"，指男孩的生殖器。"全作"，郭店本读为"朘怒"，帛书甲本残缺，帛书乙本作"朘怒"，汉简本读"朘怒"，河上公本、严遵本作"峻"，傅奕本作"朘作"。"峻作""朘作"义同。原本当作"朘作"或"峻作"。敦煌甲本作"酸作"，疑"酸"为"朘"或"峻"。"怒"义近"作"。　[8]精：精气。至：充足。　[9]号（háo）：哭喊。不嗄（shà）：嗓子不嘶哑。　[10]和：柔嫩，柔和。　[11]"知"，河上公本、严遵本、傅奕本、敦煌甲本同，郭店本、帛书本、汉简本无此字。疑此字为增益。常：常道，常法。　[12]明：聪明，明智。　[13]益生：厚养。祥：凶兆。　[14]使：支配，使用。气：神气。　[15]壮：强壮。老：衰老。　[16]不道：违背道，不合乎道。　[17]早已：早逝，早亡。

[点评]

　　这一章主要讲述婴儿般纯朴、纯厚的美德，讲述掌握道和保持柔和的意义。本章大意是：品德纯厚的人，可以同婴儿相比。婴儿天真纯朴，蜂、蝎一类的毒虫不蜇咬他，虎狼一类的猛兽不捕抓他，鹰、隼一类的鸷鸟不会搏击他。婴儿筋骨还很柔弱，但他的小小拳头却能握得很紧；他还不懂得雌雄的交合，但他的小生殖器却常常勃起。这是因为他的精气十分充足的缘故。他终日哭喊，但声音不会嘶哑，这是因为他的身体非常柔和。柔和是常道，掌握了常道就叫作有智慧。一味地去养生求生，这叫作凶的征兆；意气用事，这叫作逞强。生命太强壮了就容易衰老，这叫做违背了道。违背了道，就会早逝。

生命的力量，来自于充足的能量。能量充足，精力无限，创造力无限。未老先衰的人，萎靡不振的人，担当不了重任，完成不了使命。

保持生命的力量，爱惜自己生命的人，过合乎自然的生活，过合乎道的生活。善于养生的人，不迷恋养生。迷恋养生，就失去了人生的意义和价值，不仅不能养生，还会伤害生命。老子批评"益生"，庄子主张"不益生"。《庄子·德充符》记载："惠子谓庄子曰：'人故无情乎？'庄子曰：'然。'惠子曰：'人而无情，何以谓之人？'庄子曰：'道与之貌，天与之形，恶得不谓之人？'惠子曰：'既谓之人，恶得无情？'庄子曰：'是非吾所谓情也。吾所谓无情者，言人之不以好恶内伤其身，常因自然而不益生也。'惠子曰：'不益生，何以有其身？'庄子曰：'道与之貌，天与之形，无以好恶内伤其身。今子外乎子之神，劳乎子之精，倚树而吟，据槁梧而瞑。天选子之形，子以坚白鸣。'"

梭罗说："大部分的奢侈品，大部分的所谓生活的舒适，非但没有必要，而且对人类进步大有妨碍。"（《瓦尔登湖》，上海译文出版社1997年版，第12页）卡耐基引用斯威夫特在《格列佛游记》中的一句话："世上最好的医生，是饮食有度、保持平安与愉悦的心情。"（《人性的弱点全集》，中国发展出版社2009年版，第49页）罗素说："最珍惜命的人最容易丧命。由于过于钟爱生命，结果使生命中最有价值的内容丧失了。"（《罗素自选文集》，商务印书馆2006年版，第52页）

第五十六章

知则言，不知则不言。

内方而外圆。

心灵越广阔，世界越大。

知者不言[1]，言者不知[2]。

塞其兑[3]，闭其门[4]，挫其锐[5]，解其纷（分）[6]，和其光[7]，同其尘[8]，是谓玄同[9]。

故不可得而亲[10]，不可得而疏[11]；不可得而利[12]，不可得而害[13]；不可得而贵，不可得而贱，故为天下贵。

[注释]

[1]知者：有真知的人，懂得道的人。不言：不说，慎言，贵言。"知"，郭店本、汉简本作"智"，读"知"。类如《老子》第八十一章"知者不博，博者不知"之"知"。 [2]言者：好说的人。不知：没有真知，不懂得道。 [3]塞：控制。兑：感官。 [4]闭：约束。门：心灵，心思。 [5]挫：摧折，折损。 [6]解：排除，消除。"纷"，

王弼本作"分",郭店本、帛书本、汉简本、河上公本、傅奕本作"纷",严遵本、敦煌甲本作"忿"。原抄本当作"纷"。今据改。纷:纠纷,错乱。《战国策·赵策三》说:"所贵于天下之士者,为人排患、释难、解纷乱而无所取也。""忿",于义亦通。　[7]和:调和。光:光亮,光辉。　[8]同:混同。尘:尘埃,世俗。　[9]玄同:至同,大同。　[10]不可得:不能。而:来。亲:亲近。　[11]疏:疏远。　[12]利:获利。　[13]害:受害。

[点评]

　　这一章的内容,一是讲述知与言的关系,二是讲述纯朴不争和大同境界,三是讲述人的超然和达观。本章大意是:有真知的人,懂得道,沉默寡言;夸夸其谈的人,没有真知,不懂得道。人为了获得真知,就需要控制自己的感官,淡泊自己的心思,折去锐利的锋芒,消除错乱纠纷,有才德含而不露,浑然同世俗相处,这叫作"至同"。做到这些,人们就不能来亲近你,也不能来疏远你;不能来有利于你,也不能来有害于你;不能来推崇你,也不能来轻视你。因此,你就是天下最尊贵的人。

　　大道大德,非雕虫小技可得。《庄子·知北游》说:"夫知者不言,言者不知,故圣人行不言之教。道不可致,德不可至。"要真正懂得事物也不容易,有真知的人,不去说自己不懂的东西。《庄子·天道》说:"世人以形色名声为足以得彼之情。夫形色名声,果不足以得彼之情,则知者不言,言者不知,而世岂识之哉!"常言道:说起来容易做起来难。做不到的不要说。

　　爱出风头,爱耍小聪明,爱逞能显摆,就会遭人嫌弃。含蓄幽默，谦和平易，同情包容，与世协同。志道据德的人，兼怀万物，一视同仁，平等相待，成人之美，与人为善。《庄子·齐物论》说："圣人不从事于务，不就利，不违害，不喜求，不缘道，无谓有谓，有谓无谓，而游乎尘垢之外。夫子以为孟浪之言，而我以为妙道之行也。"

第五十七章

以正治国[1]，以奇用兵[2]，以无事取天下[3]。吾何以知其然哉[4]？以此[5]。

天下多忌讳[6]，而民弥贫[7]；民多利器[8]，国家滋昏[9]；人多伎巧[10]，奇物滋起[11]；法令滋彰[12]，盗贼多有。

故圣人云：我无为而民自化[13]，我好静而民自正[14]，我无事而民自富[15]，我无欲而民自朴[16]。

道高一尺，魔高一丈。

[注释]

[1]正：古代兵法用语。作战以正面对阵交锋为正。这里指常道。 [2]奇：古代兵法用语。作战设计邀截、奇袭等为奇。《孙

子兵法·势篇》说:"凡战者以正合,以奇胜。故善出奇者,无穷如天地,不竭如江河。"又说:"三军之众,可使必受敌而无败者,奇正是也。" [3]无事:清静,不干涉。取:治。 [4]何以:用什么,怎么。 [5]以此:用这,因此。 [6]忌讳:禁忌和隐讳,控制。 [7]弥:更加,越来越。贫:缺乏财物。 [8]利器:精良的工具。 [9]滋昏:更加混乱,更加黑暗。 [10]伎巧:技巧,智巧。伎:通"技"。"人多伎巧",河上公本、严遵本同,郭店本、汉简本作"人多智",帛书甲本作"人多知",帛书乙本残缺,傅奕本作"民多智慧",敦煌甲本作"人多知巧"。技巧、智巧、智、知、智慧,都是老子所警惕的。 [11]奇物:奇异之物。滋起:更多出现。"奇物",河上公本、严遵本、敦煌甲本同,郭店本作"哦勿",帛书甲本作"何物",汉简本作"苛物"。"哦""何"皆读为"奇"(见刘钊《郭店楚简校释》,第23页。李零《我们的经典·人往低处走》,第181页)"苛"应读"奇"。帛书乙本残缺。傅奕本作"衺事"。"衺"(xié)与"邪"通,"奇衺"即"奇邪",不正。 [12]法令:法规和政令。滋彰:更加繁多。"法令",严遵本、傅奕本同,郭店本、汉简本读"法物",敦煌甲本作"法物",帛书本残损。《文子·道原》《淮南子·道应》引作"法令"。下文是"盗贼多有"。在《老子》中,"盗贼"同货物、巧利有因果关系。法令主要同限制太多有关。"法物"的意思应近"法令"。帛书《二三子问》说:"德义广大,法物备具者,〔其唯〕圣人乎?"即使此处法物是有关礼仪的东西,也不能简单说《老子》的"法物"就是指礼仪。 [13]自化:自己促成自己变化。 [14]自正:自己端正自己。 [15]自富:自己使自己富裕。 [16]无欲:没有贪欲。自朴:自己使自己纯朴。

[点评]

这一章的内容，一是讲述治兵与治国的不同，二是批评干涉和控制只能导致困境和混乱，三是讲述执政者清静无为与百姓自己造就自己。本章大意是：执政者要用常道去治国，要用奇妙的方法去用兵打仗，要用不干涉的方法去治天下。我怎么知道执政者应该这样呢？这是因为：天下忌讳限制越多，人民就越贫穷；人民越多精良的器物工具，国家就更加混乱；人民越多技巧，各种奇异之物就会更多出现；法度、政令越繁苛，盗贼就会更多。为了避免这些，所以，圣人说：我无为不干涉，人民自己就能使自己变化；我喜好清静，人民自己就能使自己端正；我无事不控制，人民自己就能自己富裕；我没有贪欲，人民自己就能自己纯朴。

做好事情，需要好的方法；好的方法，要用在该用的地方。治理国家同样如此。最基本的也是最重要的，最简单的也是最有效的。剑走偏锋，先发制人；急症急攻，起死回生。情急之下，偶而可用。不按常道，不用常规，天下难治，问题丛生。

循常道，上下相应；依常规，民知所从。执政者无为、好静、无事、无欲，人民自化、自正、自富、自朴。何乐而不为，何乐而不从。《庄子·天道》说："天不产而万物化，地不长而万物育。"

第五十八章

在挫折中看到希望,在得意中知道困难。

其政闷闷[1],其民淳淳[2];其政察察[3],其民缺缺[4]。

祸兮福之所倚[5],福兮祸之所伏[6]。孰知其极[7]?其无正[8]?正复为奇[9],善复为妖[10],人之迷[11],其日固久[12]。

是以圣人方而不割[13],廉而不刿[14],直而不肆[15],光而不燿[16]。

[注释]

[1]闷闷(mèn mèn):昏昏昧昧。这里指宽厚。 [2]淳淳:淳厚纯朴。 [3]察察:苛察。 [4]缺缺:狡猾(jié),狡诈。 [5]倚(yǐ):依靠,依托。 [6]伏:藏。 [7]极:结果,究竟。 [8]无正:没有定准。 [9]奇:奇异。这里指邪。 [10]妖:妖孽。这

里指恶。　[11]迷：迷茫，迷惑。　[12]固久：久久。固：久。《国语·晋语六》说："臣固闻之。"　[13]方：方正，正直。割：割弃，舍弃。　[14]廉：有棱角，锐利。刿（guì）：割伤，刺伤。　[15]直：正直，直率。肆：放肆。《左传》昭公十二年说："昔穆王欲肆其心，周行天下。"　[16]光：光亮。耀：明亮。

[点评]

　　这一章的内容，一是说执政者干涉，百姓就会想办法对付；二是说事物都会转化；三是说有美德而不自居。本章大意是：执政者为政宽厚，人民就会纯朴无邪；执政者为政苛察，人民就会狡猾多诈。祸害啊！它依托福祥；福祥啊！它藏有祸害。谁知道这其中的究竟呢？事情都在变化，没有什么一成不变。原是正的变成了邪的，原是善的变成了恶的。人们不懂得事物变化的道理，身处迷茫之中已经很久了。圣人不希望事物变成反面，因此，他正直而不伤人，有棱角而不刺痛人，直率而不放肆，有光辉而不显耀。

　　宽政惠政，民纯朴；苛政厉政，民狡黠。人人心中有杆秤，时时都能衡轻重，朝三暮四没有用。子产执政，以宽大为常道，不得已而施之于猛。《左传》昭公二十年记载："郑子产有疾，谓子大叔曰：'我死，子必为政。唯有德者，能以宽服民，其次莫如猛。夫火烈，民望而畏之，故鲜死焉；水懦弱，民狎而玩之，则多死焉，故宽难。'疾数月而卒。大叔为政，不忍猛而宽。郑国多盗，取人于萑苻之泽。大叔悔之，曰：'吾早从夫子，不及此。'兴徒兵以攻萑苻之盗，尽杀之，盗少止。仲尼曰：'善哉！

政宽则民慢，慢则纠之以猛；猛则民残，残则施之以宽。宽以济猛，猛以济宽，政是以和。《诗》曰："民亦劳止，汔可小康；惠此中国，以绥四方。"施之以宽也。"毋从诡随，以谨无良；式遏寇虐，惨不畏明。"纠之以猛也。"柔远能迩，以定我王。"平之以和也。又曰："不竞不绿，不刚不柔，布政优优，百禄是道。"和之至也。'及子产卒，仲尼闻之，出涕曰：'古之遗爱也。'"老子的治道是宽容之道，宽容之道是常道。凶猛之法，是补救之道，是权宜之计。

人有不虞之誉，有求全之毁。不测风云，旦夕祸福，吉凶同门，人生无常。有智慧的人，以常道应万变，以美德求平安。《说苑·敬慎》记载说："老子曰：'得其所利，必虑其所害；乐其所成，必顾其所败。'人为善者，天报以福；人为不善者，天报以祸也。故曰：祸兮福所倚，福兮祸所伏。戒之，慎之！君子不务，何以备之？夫上知天，则不失时；下知地，则不失财。日夜慎之，则无灾害。"

治理的好愿望，要用好的方法去实现。没有好方法，单有愿望是空谈，人民到头空喜欢；好的事情，只有做好了才有好结果。没有好结果，劳民伤财徒招怨。

第五十九章

治人事天莫若啬[1]。夫唯啬[2]，是谓早服[3]。早服谓之重积德[4]，重积德则无不克[5]，无不克则莫知其极[6]。莫知其极，可以有国。有国之母[7]，可以长久。是谓深根固柢[8]，长生久视之道[9]。

珍惜生命，就是扩大生命的长度。

[注释]

[1]事天：事奉天性，养性。事：事奉，这里指养性。天：天性，先天禀赋。啬（sè）：爱惜，节俭。《韩非子·解老》说："少费之谓啬。"《吕氏春秋·先己》说："凡事之本，必先治身，啬其大宝。" [2]唯：只有。 [3]早服：早从事，早得。服：从事，得。河上公注说："服，得也。"《黄帝四经·道原》说："明者固能察极，知人之所不能知，服人之所不能得。""是谓"，河上公本同，其

他诸本作"是以"。"是谓"即"谓是",相当于"这叫做"。"是以"的意思是"所以"。　[4]重(zhòng)积德:厚厚积累美德。重:深,厚。　[5]无不克:无不能。克:能。　[6]极:究竟,穷尽。　[7]母:根本。　[8]固柢:稳固根部,固牢。柢:树根。　[9]久视:久存,久活。视:这里指活着。

[点评]

　　这一章主要讲述治国之道。本章大意是:治理人民,修身养性,没有什么比节俭、爱惜更重要。只有懂得了节俭、爱惜,这才叫做早得"道"。早得"道",叫做厚厚积德。若能厚厚积德,就无不能;无不能,就不可穷尽。不可穷尽,就获得了治理国家的根本。获得了治理国家的根本,就可以长治久安。这叫做深深扎根,固牢根部,是长生久在的方法。

　　治世要节俭,养性、养生要爱惜元气。节俭,不浪费人力、财力;爱惜元气,不透支精力。《韩非子·解老》说:"所谓'事天'者,不极聪明之力,不尽智识之任。苟极尽,则费神多;费神多,则盲聋悖狂之祸至,是以啬之。啬之者,爱其精神,啬其智识也。"《吕氏春秋·情欲》说:"论早定则知早啬,知早啬则精不竭。"《庄子·大宗师》说:"古之真人,其寝不梦,其觉无忧,其食不甘,其息深深。真人之息以踵,众人之息以喉。屈服者,其嗌言若哇。其耆欲深者,其天机浅。"《史记·货殖列传》说:"渊深而鱼生之,山深而兽往之,人富而仁义附焉。"

第六十章

治大国若烹小鲜[1]。以道莅天下[2],其鬼不神[3]。非其鬼不神,其神不伤人;非其神不伤人[4],圣人亦不伤人。夫两不相伤[5],故德交归焉[6]。

> 处理最难的事也有简单的方法。

[注释]

[1]烹:古代烹调方法的一种。用釜、鬵(xín)等炊具煮。小鲜:小鱼。鲜:活鱼,鲜鱼。 [2]莅:临。这里指驾御、治理。 [3]不神:不灵妙。这里指不起作用。 [4]非:不。这里指不只。 [5]相(xiāng):相继。 [6]归:归附,归向。

[点评]

这一章用烹制小鱼的方法,去说明如何治理一个大国。本章大意是：治理一个大型国家，如同烹煮一条小活鱼那样，要保持平静，不要翻动、搅动。用道去治理天下，即使有鬼力也不会再起作用。这不是说那鬼本身不灵，而是说那神灵不伤人。不只神灵不伤人，圣人也不伤人。鬼神和圣人两者都不伤害人，所以，他们的德交相归于道。

烹制一条小鱼和治理一个大国，其事大小不同，其方法则有相同之处。《诗·桧风·匪风》说："谁能亨（烹）鱼，溉之釜䰞（xín）。"毛传解释说："亨鱼烦则碎，治民烦则散，知亨鱼，则知治民矣。"老子的说法也许受到了这一诗句的影响。《韩非子·解老》说："故以理观之，事大众而数摇之，则少成功；藏大器而数徙之，则多败伤；烹小鲜而数挠之，则贼其宰；治大国而数变法，则民苦之。是以有道之君贵静，不重变法。故曰：'治大国者若烹小鲜。'"《淮南子·齐俗训》说："为宽裕者曰勿数挠，为刻削者曰致其酸而已矣。"

无为清静，化民如神，不知不觉，事半功倍；多事折腾，劳心费神，虚张声势，一无所得。《庄子·天道》说："其动也天，其静也地，一心定而王天下；其鬼不祟，其魂不疲，一心定而万物服。"

第六十一章

大国者下流[1]。天下之交[2],天下之牝[3]。牝常以静胜牡,以静为下[4]。故大国以下小国,则取小国[5];小国以下大国,则取于大国[6]。故或下以取[7],或下而取。大国不过欲兼畜人[8],小国不过欲入事人[9]。夫两者各得其所欲,则大者宜为下[10]。

大国让,小国敬。

[注释]

[1]下流:水流的下游。这里指下位。《论语·子张》说:"纣之不善,不如是之甚也。是以君子恶居下流,天下之恶皆归焉。" [2]交:交往,结交。 [3]牝(pìn):雌,母。 [4]牡:雄,公。静:安静。下:谦让,谦恭。《周易·屯》说:"以贵下贱,大得民也。""以静为下",河上公本同,帛书甲本残缺,敦

煌甲本无此句，帛书乙本作"为亓静也，故宜为下也"，汉简本作"以其静也，故为下"，严遵本作"牝以静为下"，傅奕本读"以其静，故为下"。意思相近。　[5] 取：得到，赢得。　[6] "则取于大国"，王弼本作"则取大国"，河上公本、严遵本同，帛书乙本、汉简本、傅奕本作"则取于大国"，帛书甲本作"则取于大邦"，敦煌甲本作"则聚大国"。"则取于大国"，于文于义皆长。今补"于"字。张岱年先生指出："则取于大邦"，比较容易理解。过去杨树达以为这是"施受同辞"之例，下一句省一个"于"字。但帛书等本有"于"字，证明这里还不是施受同辞。（参见张岱年《中国哲学史方法论》，中华书局 2003 年版，第 90 页）　[7] 以：而。　[8] 不过：只，仅仅。兼：并，同时。畜（xù）：容纳。《左传》襄公二十六年说："获罪于两君，天下谁畜之。"　[9] 事：事奉，服从。　[10] 宜：应当。"则"，王弼本无此字，王弼注文有。疑抄脱或改。今据补。河上公本、严遵本亦无此字，帛书乙本作"则大者宜为下"，严遵本、敦煌本作"故大者宜为下"，帛书甲本、汉简本残缺。

[点评]

　　这一章主要讲述大国与小国之间如何建立良好的关系。本章大意是：一个大国要像水流那样甘居下位。在天下各国的交往中，大国要像雌性那样成为天下国家的柔弱者。雌性常常因为安静而胜过了雄性，这就是安静卑下的作用。懂得了这个道理，大国谦让小国就能赢得小国的归顺。小国更因对大国谦恭而能得到大国的信任。因此，国家之间的交往，或者大国谦让而使小国归顺，或者小国谦恭而得到大国的信任。整体上，大国只希望兼容小国，小国只希望服从大国。因此，大国、小国都能满足自己的愿望，但大国更应谦让。《论语·里仁》记载孔子的话说："德不孤，必有邻。"

世界上有大国，有小国。大国容易居高临下，小国也容易投机取巧。老子主张大国不要傲慢，小国也要老实。孟子有类似的看法。《孟子·梁惠王下》记载说："惟仁者为能以大事小，是故汤事葛，文王事昆夷。惟智者为能以小事大，故大王事獯鬻，勾践事吴。以大事小者，乐天者也；以小事大者，畏天者也。乐天者保天下，畏天者保其国。《诗》云：'畏天之威，于时保之。'"大国对大国，大国对小国，有不同的方法。《左传》襄公三十年记载："《周书》数文王之德曰：'大国畏其力，小国怀其德。'"

第六十二章

道者万物之奥[1],善人之宝,不善人之所保。

美言可以市[2],尊行可以加人[3]。人之不善,何弃之有[4]!

没有天生的恶人。

故立天子,置三公[5],虽有拱璧以先驷马[6],不如坐进此道[7]。

大道医百病。

古之所以贵此道者何?不曰求以(以求)得[8]、有罪以免邪?故为天下贵。

[注释]

[1]奥:主,根本。"奥",河上公本、严遵本、傅奕本、敦煌甲本同,汉简本读"奥",帛书本读"主"。义近。 [2]市:求,求取。《战国策·齐策三》说:"君何不留楚太子,以市其下东国。" [3]加人:有益于人。"美言可以市,尊行可以加人",诸本同。《淮南

子·道应训》和《淮南子·人间训》两引,均作"美言可以市尊,美行可以加人",文通字顺。劳健说两句的"尊"和"人"为韵,《淮南子》所引必当无疑。(参见劳健《老子古本考》下,第30页。) [4]何弃之有:意思是"有什么可以抛弃的"。"何之有"表示反问,宾语前置。"有何……"相当于"有什么……"。 [5]三公:太师、太傅、太保。"三公",汉简本、河上公本、严遵本、傅奕本、敦煌甲本同;帛书甲本作"三卿";帛书乙本作"三乡",读"三卿"。"公""卿"有别。原本当为"三公"。 [6]拱璧:大璧,宝贵的东西。《左传》襄公二十八年说:"与我其拱璧。"驷马:同驾一辆车的四匹马。 [7]坐进:坐而献。 [8]以:而。"求以得",王弼本作"以求得",河上公本同,帛书甲本残缺,帛书乙本、汉简本、严遵本、傅奕本、敦煌甲本作"求以得"。衡之下句"罪以免",原本当作"求以得"。今据改。

[点评]

这一章的内容,一是讲述道的重要性,一是讲述美言、美行的价值。本章大意是:"道"是万物的根本,它是善人的宝物,不善者也需要依靠它来保护自己。美言可以为人所求,善行能够有益于人。即使有人做了不好的事,有什么理由可以完全抛弃他呢?帮助他改正,这是依据道应该做的。所以,设立天子,设置三公,举行仪式,先有宝贵的大璧,后有驷马,一一进献,场面隆重。但宁可有人与众不同,进献大道。过去人们尊崇道的原因,不正是有求可以得到、有罪可以被赦免吗?因此,道是天下最宝贵的东西。

万物有根本,人生有智慧。道是万物的根本,也是人生的智慧。天下之人，不分东西南北，不分男女老少，皆需要道的智慧，皆需要道的指引。人生没有道的指引，犹如航海没有罗盘。人生迷惑，不知何去何从，终将一事无成。《庄子·骈拇》说："夫小惑易方，大惑易性。"《韩非子·解老》说："夫缘道理以从事者，无不能成。无不能成者，大能成天子之势尊，而小易得卿相将军之赏禄。夫弃道理而妄举动者，虽上有天子诸侯之势尊，而下有倚顿、陶朱、卜祝之富，犹失其民人而亡其财资也。众人之轻弃道理而易妄举动者，不知其祸福之深大而道阔远若是也，故谕人曰：'孰知其极？'"

事物相互影响，人生相互借鉴。爱美、爱善之心，人皆有之。美言善行，嘉惠人生。孔子见老子，老子赠送的是善言。俗语说：一言千金。幸得一善言，终身受大用。《荀子·非相》说："凡人莫不好言其所善，而君子为甚，故赠人以言，重于金石珠玉。"美言、善行感化人心，移风易俗。《易·系辞传上》记载孔子的话说："君子居其室，出其言善，则千里之外应之，况其迩者乎？居其室，出其言不善，则千里之外违之，况其迩者乎？言出乎身，加乎民；行发乎迩，见乎远。言行，君子之枢机。枢机之发，荣辱之主也。言行，君子之所以动天地也，可不慎乎？"

守"道"治国，纲举目张；万民和顺，天下太平。《黄帝四经·论约》说："故执道者之观于天下也，必审观事之所始起，审其形名。形名已定，逆顺有位，死生有分，存亡兴坏有处。然后参之于天地之恒道，乃定祸福死生存亡兴坏之所在。是故万举不失理，论天下而遗策。故能立天子，置三公，而天下化之，之谓有道。"

　　道不是装饰品，不是场面话。不是想送人就真能送人，想得到就真能得到。献道者，真的要以道为宝；受得者，真的要识道。《庄子·天运》说："使道而可献，则人莫不献之于其君；使道而可进，则人莫不进之于其亲；使道而可以告人，则人莫不告其兄弟；使道而可以与人，则人莫不与其子孙。然而不可者，无他也，中无主而不止，外无正而不行。由中出者，不受于外，圣人不出；由外入者，无主于中，圣人不隐。名，公器也，不可多取。"

第六十三章

精诚所至，金石为开。

为无为[1]，事无事[2]，味无味[3]。

大小多少[4]，报怨以德[5]。

图难于其易[6]，为大于其细[7]。天下难事必作于易[8]，天下大事必作于细。是以圣人终不为大，故能成其大[9]。

夫轻诺必寡信[10]，多易必多难[11]。是以圣人犹难之[12]，故终无难矣。

[注释]

[1] 为：奉行。无为：不干涉。 [2] 事：从事。无事：不折腾。 [3] 味：品尝。无味：淡而无味。 [4] 大小：大本于小。多少：多始于少。《文子·精诚》说："大以小为本，多以少为始。""大小多少"，郭店本读"大小之"，汉简本作"小大多少"，

其他诸本作"大小多少"。 [5]报怨：报答怨恨。报：报答，酬报。《国语·晋语二》说："吾闻之，惠难徧也，施难报也。"《史记·伯夷列传》说："且七十子之徒，仲尼独荐颜渊为好学。然回也屡空，糟糠不厌，而卒蚤夭。天之报施善人，其何如哉？"以德：用德。 [6]图：计议。难：困难，复杂的事情。于：从。易：容易，简单的事情。 [7]为：做。大：大事，重要的事。细：小事。 [8]作：开始。 [9]终不为大：坚持不贪大、不求大。"是以圣人终不为大，故能成其大"，亦见于《老子》第三十四章。 [10]轻诺：轻易许诺、承诺。寡信：少信。 [11]多易：轻视事情，把事情看得容易、简单。多难：遇到的困难多。 [12]犹：尚且，还。《论语·微子》说："往者不可谏，来者犹可追。"难：重视事情，知道困难。"是以圣人犹难之"，亦见于《老子》第七十三章。

[点评]

这一章的内容，一是强调无为，二是强调事物难易、大小的关系，三是指出为人做事中容易发生的问题。本章大意是：做到不干涉，奉行清静无事，品尝淡而无味的味道。不要好大喜功，好高骛远，要知道，大源于小，多来自少。要宽大为怀，用美德去回报怨恨。从容易和简单入手去计议和完成困难的事，从小处、小事着眼去做成大事和重要的事。天下的难事和大事，一定是从容易和简单的地方开始做的；天下的大事、重要的事，一定是从小处、小事开始做的。圣人深知这一道理，所以他坚持不贪大、不求大，因此，他能成就大事。轻易许诺人，必定少信用；把事物看得简单，必定会遇到很多困难。圣人尚且慎重其事，因此，最终他不会遇到困难。

"无为""无事""无味"之治理，看上去消极，实际上很积极。说它积极，因为它的结果最大（"无不为"），但奉行它又最难。因此，"无为"要努力去"为"，无事要全力去"从事"，"无味"要拼命去品尝。

一般的价值观是，以德报德，以怨报怨。老子的价值观更高，他主张宽以待人，用真心和美德去对待抱怨他的人。孔子的说法与此大同小异。《论语·宪问》说："或曰：'以德报怨，何如？'子曰：'何以报德？以直报怨，以德报德。'"

常言说：天下没有免费的午餐，天上掉不下来馅饼。有劳有得，有为有成。大得需大劳，大成需大为。万事万物，皆在积累而成；人生有为，皆从小做起。《庄子·人间世》说："美成在久，恶成不及改。"崔瑗的《座右铭》说："行之苟有恒，久久自芬芳。"

轻易许诺的人，就会轻易食言。因为许诺容易，兑现难。许诺越多，越不会兑现。爱许诺的人，博人欢心，受人感谢，满足自己的虚荣心。目的达到，高高挂起；别人惦记，自己失忆。《礼记·表记》说："口惠而实不至，怨灾及其身。"有德的人不轻诺，一诺千金。

第六十四章

其安易持[1],其未兆易谋[2],其脆易泮[3],其微易散[4]。为之于未有[5],治之于未乱。

合抱之木[6],生于毫末[7];九层之台[8],起于累土[9];千里之行[10],始于足下。

为者败之[11],执者失之[12]。是以圣人无为,故无败;无执,故无失。

民之从事[13],常于几成而败之[14]。慎终如始[15],则无败事。

是以圣人欲不欲[16],不贵难得之货[17];学不学[18],复众人之所过[19]。以辅万物之自然而不敢为[20]。

防患于未然,治病于未病。

[**注释**]

[1] 安：安定，稳定。易持：容易维持、保持。　[2] 未兆：没有征兆和苗头。兆：征兆，苗头。易谋：容易计议和调理。　[3] 脆：脆弱。易泮（pàn）：容易溶化、分解。泮：溶化，分解。《诗·邶风·匏有苦叶》说："士如归妻，迨冰未泮。""泮"，郭店本读"判"，汉简本、傅奕本作"判"，帛书本残，河上公本、严遵本、敦煌甲本作"破"。于义皆通。　[4] 微：微弱，微小。易散：容易消散。散：散开。　[5] 未有：没有出现。　[6] 合抱：两手伸开合抱。　[7] 于：由，从。毫末：毫毛的梢，指极为细微。　[8] 台：高台。　[9] 累土：堆积土，聚积土。《荀子·修身》说："累土而不辍，丘山崇成。"　[10] "千里之行"，河上公本、严遵本同，帛书甲本、汉简本、严遵本、敦煌甲本读"百仞之高"，帛书乙本作"百千之高"。"百仞之高，始于足下"是说往高处走、爬行，要从低处开始。于义亦通。《礼记·中庸》说："辟如登高，必自卑。"　[11] 为：干涉。之：音节助词，无实义。　[12] 执：控制。　[13] 从事：行事。　[14] 几成：接近完成和成功。几：几乎，将近。　[15] 慎终：重视最后和结束。　[16] 欲不欲：欲求无欲，不贪求。　[17] 不贵：不珍视。　[18] 学不学：学习懂得不要学什么。　[19] 复：宽待，宽宥。过：过错，过失。　[20] 以：凭借。辅：辅助。万物之自然：万物自己成就自己。不敢为：不敢去干涉、控制。

[**点评**]

　　这一章的内容，一是描述事物变化过程中的阶段性特征，二是说明事物的变化程度与积累过程，三是讲述治理之道。本章大意是：社会在它安定时秩序容易维持，事情在它刚有苗头时容易得到调治,东西在它脆弱时容易被分解,事物在它微小的时候容易将其分开。两手合起来才能抱住的大树,是从非常微小的树苗成长起来的;九层高的建筑平台,是从一点点土的堆积中夯建起来的;千里之路的行走,是从脚下一步步走出来的。执政者干涉百姓的事务就会失败,控制百姓的生活就会失误。圣人深知这一道理,所以,他不干涉百姓的事务,他就没有失败;他不控制百姓的生活,他就没有失误。人们行事,常常在接近完成的时候,由于疏忽而导致了失败。如果非常重视最后的阶段,那就不会有失败,不会前功尽弃。所以,圣人希望不贪求和贪得,他不看重难得的财物;圣人要学的是懂得不学什么,排除多余的东西,宽容百姓犯的过错。因此,圣人只是去辅助万物让它们自己造就自己,而不敢轻举妄动。

事物是过程,做事需耐心和专一。成就大事,要从大处着眼,小处入手,循序渐进,功到自然成。欲速则不达,好大难以成功。《孟子·尽心上》说:"无为其所不为,无欲其所不欲,如此而已矣。"《庄子·人间世》说:"夫道不欲杂,杂则多,多则扰,扰则忧,忧而不救。"

圣人治天下,不迷恋权力,不逞一己之能,遵循无为之道,让人民自我创造。《管子·心术上》说:"心之在体,君之位也。上离其道,下失其事。毋代马走,使尽其力;毋代鸟飞,使弊其羽翼。毋先物动,以观其则。动则失位,静乃自得。"《庄子·天道》说:"故古之王天下者,知虽落天地,不自虑也;辩虽雕万物,不自说也;能虽穷海内,不自为也。天不产而万物化,地不长而万物育，帝王无为而天下功。故曰：莫神于天，莫富于地，莫大于帝王。"

恶不可积，小害不可不去。常言说：千里之堤，毁于蚁穴。《战国策·魏策一》说："积羽沉舟，群轻折轴，众口铄金。"

明智的人，会做出最好的选择。他懂得什么是自己真正想要的，什么是真正要放弃的。学会放弃才能得到，学会节制才能成就大业。

第六十五章

古之善为道者[1]，非以明民[2]，将以愚之[3]。民之难治，以其智多[4]。故以智治国，国之贼[5]；不以智治国[6]，国之福[7]。知此两者，亦稽式[8]。常知稽式，是谓玄德[9]。玄德深矣，远矣，与物反矣[10]，然后乃至大顺[11]。

志同道合，同心同德。

[注释]

[1] 善为道者：善于运用道的执政者。　[2] 非以：不是用它。明民：使人民聪明、算计。　[3] 将以：将用。愚之：使人民纯朴、淳厚。　[4] 以其：因其。智：智巧，算计。　[5] 贼：害，祸害。《韩非子·饰邪》说："此行小忠而贼大忠者也。"　[6] "不以智"，今本和敦煌甲本同，帛书本读"以不智"，汉简本作"以不智"。"以不智"，疑误抄。　[7] "福"，今本同，帛书本、汉简本、敦煌甲

本作"德"。义近。于文以"福"为长。　　[8] 稽式：合乎法式。稽：合乎，一致。《韩非子·解老》说："道者，万物之所然也，万理之所稽也。"　　[9] 玄德：深厚之德。　　[10] 与物反：助物返回自身。与：赞助，帮助。《论语·述而》说："子曰：'与其进也，不与其退也。'"《战国策·齐策一》说："君之谋过矣。君不与胜者而与不胜者，何故也？"反：通"返"，返回，回归。　　[11] 大顺：至顺，最顺当。《论语·子路》说："名不正则言不顺。""然后"，汉简本残，其他诸本无。疑为后人所加。

[点评]

这一章的内容，一是说明治国之道不在于使百姓聪明算计，而在于使百姓纯朴敦厚；二是说明道促使异常的事物回归自身。本章大意是：过去那些善于运用道的执政者，不是用道来让人民精明算计，而是用道让人民纯朴淳厚。人民难以治理，是因为他们太爱算计。所以，用智巧去治国，这是国家的祸害；不用智巧去治国，这是国家的福祉。懂得了一正一反这两方面，就是遵循法则。常常懂得合乎法则，就叫作有厚德。玄德深厚啊，广大啊！它辅助异常的事物回复它们的本性，使它们再达到最好的状态。

老子的治道强调"无为"，强调"清静"和"不争"，强调不用"智"，让人民单纯和憨愚。老子的"反智"，既用于民，也用于执政者。不惟愚民，也要愚己。这不是让统治者施放烟幕弹，玩弄权术，欺骗大众。老子真心希望人民过上好生活，他在书中控诉的都是统治者。

真正以人民之心为心的人，就会奉行道的治理，就会为万民谋利，造福天下。《淮南子·修务训》说："且古之立帝王者，非以奉养其欲也；圣人践位者，非以逸乐其身也。为天下强掩弱，众暴寡，诈欺愚，勇侵怯，怀知而不以相教，积财而不以相分，故立天子以齐一之。"

第六十六章

有容乃大。

江海所以能为百谷王者[1],以其善下之[2],故能为百谷王。

是以圣人欲上民[3],必以言下之[4];欲先民[5],必以身后之。是以圣人处上而民不重[6],处前而民不害[7],是以天下乐推而不厌[8]。以其不争,故天下莫能与之争。

谦让则有得。

[注释]

[1]百谷王:众多河流之归。 [2]以其:因它。善下之:善于安居低处。 [3]"圣人",王弼本无此二字,其他诸本皆有,下文亦有"圣人"。疑抄脱,今补。上民:在人民之上统治。 [4]下之:向百姓表达谦恭。 [5]先民:在人民之前带领。 [6]处上:高高在上。不重:不感觉沉重,没有受到拖累。 [7]处前:位居

前方。不害：不感觉有害，没有受到伤害。 [8]乐推：乐意爱戴、拥戴。不厌：不厌烦，不厌弃。

[**点评**]

这一章强调包容和谦卑，把江海的居下纳众流同圣人的谦下受拥戴相提并论。本章大意是：江海能够成为众流所归的原因，是因为它甘居下位，所以它成了众流所归。同样，圣人若想处在人民之上进行统治，他就一定要用言语向人民表达谦恭之意；他若想在人民前面带领人民跟着他走，他就一定要将自己置之度外。正因为这样，圣人高高在上，人民不会受到拖累；圣人位尊势显，人民不会受到伤害。所以，天下的人都乐意拥戴他而不是厌弃他。因为他不同人民争利，所以天下也就没有人能同他争了。

江海善为卑下，百川归之，万流汇之。圣人善为卑下，善待百姓，善利百姓，百姓心悦诚服，天下归之。《淮南子·原道训》说："是故圣人守清道而抱雌节，因循应变，常后而不先。柔弱以静，舒安以定，攻大磨坚，莫能与之争。"《淮南子·诠言训》说："能成霸王者，必得胜者也；能胜敌者，必强者也；能强者，必用人力者也；能用人力者，必得人心也；能得人心者，必自得者也；能自得者，必柔弱也。强胜不若己者，至于与同则格，柔胜出于己者，其力不可度。故能以众不胜成大胜者，唯圣人能之。"

第六十七章

人生有宝：道为宝，德为宝。

　　天下皆谓我道大[1]，似不肖[2]。夫唯大，故似不肖[3]。若肖，久矣其细也夫[4]。

　　我有三宝[5]，持而保之[6]。一曰慈[7]，二曰俭[8]，三曰不敢为天下先[9]。慈，故能勇；俭，故能广[10]；不敢为天下先，故能成器长[11]。今舍慈且勇[12]，舍俭且广，舍后且先，死矣[13]！夫慈，以战则胜[14]，以守则固。天将救之[15]，以慈卫之[16]。

[注释]

　　[1]大：尊崇，崇高。"我道大"，帛书甲本残缺，傅奕本作"吾大"，其他诸本作"我大"。据《老子》第二十五章"王亦大"，

此"我"代指"王",于义也通。疑称"我大"不妥而增益"道"字。帛书本在相当于今本《老子》第六十六章之后,下接相当于今本的《老子》第八十、八十一章。 [2]不肖:不似。这里指不才、不贤。《韩非子·功名》说:"尧为匹夫,不能正三家,非不肖也,位卑也。" [3]唯:因为。"夫唯大,故似不肖",河上公本、严遵本同,傅奕本作"夫惟大,故似不肖",帛书甲本、汉简本、敦煌本读"夫唯大,故不肖"。义近。帛书乙本读"夫唯不肖,故能大"。 [4]久矣其细也夫:即"其细也夫久矣"。细:小,渺小,地位低下。 [5]"我有",河上公本、敦煌甲本同,严遵本、傅奕本作"吾有"。义同。帛书本、汉简本作"我恒有"。义近。 [6]"持而保之",严遵本同,帛书甲本残,帛书乙本、汉简本读"持而宝之",河上公本、傅奕本作"持而宝之",敦煌甲本作"宝而持之"。宝:珍惜。保:守住,保持。"宝""保"于义皆通,于文以"保"为长。 [7]慈:慈爱。 [8]俭:节俭,俭省。 [9]天下先:天下的先导,第一。 [10]广:广开财源。 [11]器长:人民的官长。器:这里指人民。"成器长",帛书甲本作"成事长",其他诸本同王弼本。 [12]今:假设,如果。《孟子·梁惠王下》说:"今王与百姓同乐,则王矣。"且:又,尚且。 [13]"死矣",河上公本、敦煌甲本同,帛书甲本作"则必死矣",帛书乙本、汉简本、严遵本作"则死矣",傅奕本作"是谓入死门"。义近。 [14]以:用。 [15]"天将救之",帛书本作"天将建之",其他诸本同王弼本。 [16]"以慈卫之",今本同;敦煌甲本同;汉简本读为"若以慈卫之";帛书本读为"如以慈垣之",意思是"如以慈爱为墙护之",亦通。

[点评]

这一章以第一人称"我"的口吻,讲述真正崇高的人,在众人看起来是不肖的;强调慈爱、节俭和谦卑三个重要价值。本章大意是:天下的人都说我崇高,但表面看起来,我似乎不才。正因为崇高,与众不同,所以看似不才。如果看起来很有才,那早就是渺小,微不足道了。我有三个宝贵的东西,我一直持有和坚守它们:其一是慈爱,其二是节俭,其三是不敢成为天下的先导。因为慈爱,所以能勇敢;因为俭省,所以能够广开财源;因为不敢成为天下之人的先导,所以能够成为人民的宗主。如果舍弃慈爱之心却又勇敢,舍弃俭省而又广开财源,舍弃甘居人后而又占先,那就是死亡之路。

大智大勇者,不拘小节,不合常规,与众不同,在人们眼里,无所取材。《庄子·逍遥游》说:"吾闻言于接舆,大而无当,往而不返。吾惊怖其言犹河汉而无极也,大有迳庭,不近人情焉。"西方谚语说:"仆人眼里无英雄。"

人生有常道。老子崇尚"慈爱""节俭"和"不敢为天下先",视为"三宝",不以财宝为宝。

爱是人间最美好的情感和价值。有爱心的人幸福,感受到爱的人温暖。爱心让人无私,同情万物;爱心让人产生勇气,舍己救人。

万物皆有用,用之要有度。开源而节流,节俭而惜物。

勇于担当和立业,甘居人后,谦让不争。《韩诗外传》卷三记载孔子主张谦卑,同老子的主张有类似之处:"孔子曰:'持满之道,抑而损之。'子路曰:'损之有道乎?'孔子曰:'德行宽裕者,守之以恭;土地广大者,守之以俭；禄位尊盛者，守之以卑；人众兵强者，守之以畏；聪明睿智者，守之以愚；博闻强记者，守之以浅。夫是之谓抑而损之。'《诗》曰：'汤降不迟，圣敬日跻。'"

第六十八章

消灭敌人的一种方法,是把他变成朋友。

善为士者不武[1],善战者不怒[2],善胜敌者不与[3],善用人者为之下[4]。是谓不争之德,是谓用人之力,是谓配天[5],古之极[6]。

[注释]

[1]善为士:善于做武士,善于任武士。不武:不勇武。 [2]善战者:善于战斗的人。不怒:不愤怒。 [3]不与:不斗,不搏斗。"不与",河上公本、严遵本同,帛书甲本残损,帛书乙本、汉简本作"弗与"。义同。傅奕本、敦煌甲本作"不争"。义近。 [4]为之下:对之谦恭。为:表示对象,相当于对、给。《史记·五帝本纪》说:"非好学深思,心知其意,固难为浅见寡闻道也。" [5]配:匹配,相当。这里指符合天道。《礼记·中庸》说:"博厚配地,高明配天。" [6]古之极:过去最高的准则。极:准则。

[**点评**]

　　这一章主要讲述什么是真正的好，一般认为的好不是好，不好才是好。本章大意是：善于担任武士的人，他不崇尚勇武；善于打仗作战的人，他没有愤怒；善于战胜敌人的人，他不同敌人搏斗；善于使用人的人，他对人谦恭。这叫作不争的美德，叫作使用人的能力，叫作符合天道。这是过去人们行为的最高准则。

　　明智的人，以包容为怀，奇思妙想，行事独特，非同寻常。在愤怒反击的时候，他冷静应对，让敌人自乱阵脚；在用武的地方，他不动刀枪就结束了战斗；在同敌人作战的时候，他不用战斗就战胜了敌人。这是不武之武，不斗之斗，不战之战。

第六十九章

用兵有言：吾不敢为主而为客[1]，不敢进寸而退尺。是谓行无行[2]，攘无臂[3]，执无兵[4]，扔无敌[5]（扔无敌，执无兵）。祸莫大于轻敌，轻敌几丧吾宝[6]。故抗兵相加[7]，哀者胜矣[8]。

[注释]

[1]为主：主动兴兵，先出击。为客：被动出兵，后出击。 [2]行无行（háng）：行进在无阵之中，战无常形。行（háng）：作战队伍的行列，特指军阵。 [3]攘（rǎng）无臂：抵御不用手臂和武器，兵不血刃。攘：抵御。《管子·君臣下》说："治斧钺者不敢攘刑。" [4]执无兵：手不握兵器，不战而胜。"执无兵"，王弼本此句在"扔无敌"之后，诸本在"扔无敌"句前，王弼注文中也是如此。故应移前。今改。 [5]扔无敌：面前无敌人。扔：牵引，面临。"扔"，帛书本、汉简本作"乃"，读"扔"；河上公

本、严遵本、傅奕本、敦煌甲本作"仍",读"扔"。　[6]几丧：几乎就要丧失。宝：道。这里指用兵之道。　[7]抗兵：举兵。相加：相攻打。"相加",河上公本同,其他诸本作"相若",严遵本缺。相若：兵力相当,势均力敌。于义亦通。　[8]哀者：有悲愤之心者。

[**点评**]

　　这一章主要讲述用兵之道。本章大意是：兵家对用兵有一个说法：我不敢先兴兵动武,只是在不得已的情况下才起而反击。在作战中,我不敢贸然往前推进哪怕一寸,宁愿退避迂回。这叫作行进没有阵势,抵御无需臂膀,手掌不握兵器,面前没有敌人。这是兵不血刃,不战而屈人之兵。用兵的最大祸患是麻痹大意,轻视敌人。轻视敌人无异于失去了用兵之道。所以要知道,两军势均力敌,只有悲愤的一方才能取得胜利。

　　治国不可轻易生战。《孙子兵法·火攻篇》说："主不可以怒而兴军,将不可以愠而致战。"《文子·道德》将"兴兵"分为五个类型："文子问曰：'王道有几乎？'老子曰：'一而已矣。'文子曰：'古有以道王者,有以兵王者,何其一也？'曰：'以道王者,德也；以兵王者,亦德也。用兵有五：有义兵,有应兵,有忿兵,有贪兵,有骄兵。诛暴救弱,谓之义；敌来加己,不得已而用之,谓之应；争小故不胜其心,谓之忿；利人土地,欲人财货,谓之贪；恃其国家之大,矜其人民之众,欲见贤于敌国者,谓之骄。义兵王,应兵胜,忿兵败,贪兵死,骄兵灭,此天道也。'"

万不得已才去应战。用兵以谨慎为先，知己知彼，量力而行。不可争功而贸然进攻，不可骄傲而轻敌，不可意气用事而误事。

第七十章

吾言甚易知，甚易行。天下莫能知，莫能行。

言有宗[1]，事有君[2]。夫唯无知[3]，是以不我知[4]。

知我者希[5]，则我者贵[6]。

是以圣人被褐怀玉[7]。

秉要执本，纲举目张。

[注释]

[1]宗：宗旨，主旨。 [2]君：要领，关键。 [3]唯：因为。无知：不能掌握宗旨和关键。 [4]是以：因此，所以。不我知：即"不知我"，不了解我。 [5]希：稀少，难得。后作"稀"。 [6]则：效法。贵：可贵。 [7]被褐（pī hè）：穿粗布衣服。褐：粗布。这里指粗布衣服。怀玉：怀抱宝玉。这里指怀抱道德。"被褐怀玉"，河上公本、敦煌甲本同，帛书本、汉简本、严遵本、

傅奕本作"被褐而怀玉"。义近。

[点评]

这一章主要讲述言论有宗旨，事情有关键，但人们却难知、难行。本章大意是：我说的话很容易理解，很容易实行。但不幸的是，天下的人却不能理解，不能实行。言论有宗旨，事情有关键。人们不懂得掌握宗旨，抓住关键，所以他们就不能理解我。能理解我的人少，能效法我的人难见。这是因为圣人身穿粗布衣服，怀抱着道德宝玉，不易被人看出。

道理都是简单的，但真正掌握道理是不易的；遵循道理去做最直接，但真正按照道理去做不容易。《孟子·离娄上》说："道在迩而求诸远，事在易而求诸难。"

事有根本，言有宗旨。善于做事的人，能分清主次，抓住根本，省心省力。《史记·太史公自序》概括老子等的思想为"指约而易操，事少而功多"。《汉书·艺文志》说道家"历记成败存亡祸福古今之道，然后知秉要执本"。

人容易被表象所迷惑，以貌取人，以言取人。但古语说：人不可貌相，海水不可斗量。真人不露相。老子说："君子盛德，容貌若愚。"

第七十一章

知不知[1]，上[2]；不知知[3]，病[4]。

夫唯病病[5]，是以不病[6]。圣人不病，以其病病[7]，是以不病。

> 知道自己无知，才会更有知。

[注释]

[1] 知不知：能够认识自己的无知。 [2] 上：可贵。"上"，汉简本、河上公本、严遵本、敦煌甲本同，帛书本、傅奕本作"尚"。义同。 [3] 不知知：不知而自以为知。 [4] 病：缺点。 [5] 唯：因为。病病：正视缺点。 [6] 是以：因此，所以。 [7] 以其：因其。

[点评]

这一章的内容，一是讲述如何认识自己的无知，二是批评不知以为知。本章大意是：能够认识到自己的无知，这很可贵；相反，强不知以为知，这就是缺点。正是因为能够正视缺点，所以人就不会再有缺点。圣人没有缺点，因为他能够正视缺点，所以他就没有缺点了。

知识无穷无尽，但人生有限，所知有限。《庄子·秋水》说："计人之所知，不若其所不知。"苏格拉底说："认识自己的无知，就是最大的智慧。"孔子说："知之为知之，不知为不知，是知也。"（《论语·为政》）自负自满的人，自以为无所不知，强不知以为知，这正是无知。谦虚的人，深知知识的无限，深知自己的无知，这正是有知。

第七十二章

民不畏威[1]，则大威至矣[2]。

无狎其所居[3]，无厌其所生[4]。夫唯不厌[5]，是以不厌[6]。

是以圣人自知[7]，不自见[8]；自爱[9]，不自贵[10]。故去彼取此[11]。

善善恶恶。

[注释]

[1]畏：害怕。威：威势，威慑。《左传》僖公二十五年说："德以柔中国，刑以威四夷。" [2]至：到来。这里指降临。"大威"，帛书甲本残缺，帛书乙本作"大畏"，其他诸本同王弼本。 [3]狎（xiá）：轻，侮慢。《尚书·泰誓下》说："狎侮五常，荒怠弗敬。"所居：安居。 [4]厌（yā）：通"压"，压迫，压制。所生：生活。 [5]唯：因为。不厌：不压迫。 [6]是以：因此。 [7]自知：

有智慧。　[8]不自见(xiàn)：不自己炫耀。见：通"现"，显露，显示。　[9]自爱：爱惜自己，自重。　[10]不自贵：不自己抬高自己。　[11]去彼取此：抛弃不好的做法，选择好的做法。

[点评]

这一章的内容，一是讲述执政者不要用威胁等方式对待百姓，不要不顾他们的死活，否则就会有严重的政治后果；二是讲述圣人谦虚和谦恭的美德。本章大意是：人民一旦不再畏惧统治者的威势，那么，反抗统治者的更大的威势就会到来。执政者要清醒地认识到这一点，不要轻视他们的生活，让他们无法安居；不要压制他们的活动，让他们无法生存。正是因为不压制百姓，百姓有了活路，所以他们就不会厌弃生活。圣人懂得这一道理，因此他有智慧而不去自己夸耀自己，他很自重但不去抬高自己。所以，圣人总是抛弃不好的做法，选择好的做法。

靠压制和威胁的统治不会持久。当人们不可忍受的时候，他们就会诉诸反抗。《国语·周语上》说："防民之口，甚于防川，川壅而溃，伤人必多，民亦如之。是故为川者，决之使导；为民者，宣之使言。"

明智的人，懂得什么是真正的自知，什么是真正的自爱，他会作出最好的选择。孔子说："古之学者为己，今之学者为人。"(《论语·宪问》)亚里士多德说："善良的人是应该最爱自己的人，因为一切理智都为自己选择最好的东西，把最大的善分给自己，他们重视高尚胜于一切，他们是真正的自爱者。"(《尼各马科伦理学》，中国社会科学出版社1990年版,第201页)"善良的人应该是一个热爱自己的人,他做高尚的事情,帮助他人,同时也有利于自己。邪恶的人,就不应该是一个爱自己的人,他跟随着自己邪恶的感情,既伤害了自己,又伤害了别人。"(同上书,第202页)

第七十三章

大勇不争小强。

勇于敢则杀[1]，勇于不敢则活[2]。此两者，或利或害[3]。天之所恶[4]，孰知其故[5]？是以圣人犹难之[6]。

天之道[7]，不争而善胜[8]，不言而善应[9]，不召而自来[10]，繟然而善谋[11]。天网恢恢[12]，疏而不失[13]。

[注释]

[1]杀：杀掉，杀死。敢：敢争，敢斗。 [2]不敢：不敢争，不敢斗。 [3]或：或者。 [4]恶（wù）：厌恶。 [5]故：原因。 [6]是以：因此，所以。犹：尚且。难：困难。"是以圣人犹难之"，河上公本、傅奕本同，帛书甲本残缺，帛书乙本、汉简本、严遵本、敦煌甲本无此句。此句已见于《老子》第六十三

章。　[7] 天之道：天的法则，天的运行。　[8] 不争：不争夺。善胜：善于取得胜利。　[9] 不言：不说。善应：善于回应、响应。　[10] 不召：不召唤，不征召。　[11] 繟（chǎn）：坦然，舒缓。　[12] 天网：上天的大网。恢恢：广大、宽大的样子。《荀子·解蔽》说："恢恢广广，孰知其极。"恢：宽大。　[13] 疏：稀疏。不失：不漏掉。

[点评]

　　这一章的内容，一是讲述勇敢、刚强同退让、谦恭的关系；二是讲述圣人不争和退让的无所不胜。本章大意是：勇于刚强和争夺，定会陷入绝境；勇于谦让和不争，定能善终。这两者都是勇，但其结果却截然不同。一种是大害，一种是大利。天道厌恶的是刚强，谁能知晓其究竟呢？因此，就是圣人也清楚知天很难。天的法则是，不争夺就能取得胜利，不言说就能得到响应，不征召就能使人自来，从容坦然就能谋划得当。上天的大网，广大无比，虽然稀疏，但没有什么可以漏失。

　　有不同的勇气和勇敢。但有一种勇敢，叫做"勇于不敢"。勇于不敢，比一般的勇敢难。老子让人谨小慎微。有力量的人，要甘拜下风；强大的人，要自甘不如。《淮南子·道应训》说："大勇反为不勇耳。"

　　天有内在的力量，它按照自己的法则运行，无为神化，默然无不因应。孔子说："天何言哉？四时行焉，百物生焉。天何言哉？"（《论语·阳货》）

第七十四章

上帝的归上帝，凯撒的归凯撒。

民不畏死[1]，奈何以死惧之[2]！若使民常畏死，而为奇者[3]，吾得执而杀之[4]，孰敢？

常有司杀者杀[5]。夫代司杀者杀[6]，是谓代大匠斫[7]。夫代大匠斫者，希有不伤其手矣[8]。

[注释]

[1] 畏：害怕，畏惧。"民不畏死"，河上公本、严遵本同，汉简本作"民恒不畏死"，傅奕本、敦煌甲本作"民常不畏死"，帛书甲本残缺，帛书乙本作"若民恒且畏不畏死"。义近。 [2] 奈何：怎么。以：用，拿。惧之：使害怕，恐吓。 [3] 奇：诡异，不法。 [4] 得：能，能够。执：捉拿，逮捕。《战国策·赵策四》说："魏王许诺，使司徒执范座，而未杀也。" [5] 司杀：掌管执行死刑。 [6] 夫：凡。 [7] 大匠：大木匠。斫(zhuó)：用刀、斧、锛等工具砍削。"是谓代"，河上公本同，帛书本、严遵本、傅奕本、

敦煌甲本作"是代",汉简本作"夫代"。义近。　[8]希有:少有。

[点评]

　　这一章主要讲述的是,执政者别想用死和猎奇的方法去控制百姓。本章大意是:人民饱受恶政之苦,忍无可忍,到了奋起反抗、不惧怕死亡的地步,统治者还想用死去恐吓他们已毫无作用。如果统治者真想使人民畏惧死亡,那么,若有图谋不轨和作乱者,我能够抓捕他并杀之,那谁还敢如此?但执政者不能滥杀百姓,只有掌管死刑的人才能断狱杀人。凡是贸然去代替掌管生杀大权的人去杀人,这就犹如从未做过木工的人去代替大木匠砍削木头一样,很少有不伤害到自己手脚的。

　　人民不再害怕统治者的威胁,那是因为他们与其受虐待而死,不如反抗而死。当人们选择反抗而死时,任何的恐吓和威胁,已不再起作用。阿克塞尔诺德说:"政府不能只靠威胁来统治,而必须使大多数被统治者自愿服从。"(《合作的复杂性:基于参与者竞争与合作的模型》,上海人民出版社2008年版,第12页)

　　执政者不要自以为无所不知,无所不能;不要妄想独断专行,统治一切。《文子·上仁》说:"人君舍其所守,而与臣争事,则制于有司。以无为持位,守职者以听从取容,臣下藏智而不用,反以事专其上。人君者,不任能而好自为,则智日困而自负责;数穷于下,则不能申理;行堕于位,则不能持制。智不足以为治,威不足以行刑,则无以与天下交矣。喜怒形于心,嗜欲见于外,则守职者离正而阿上，有司枉法而从风，赏不当功，诛不应罪，则上下乖心，君臣相怨，百官烦乱而智不能解，非誉萌生而明不能照，非己之失而反自责，则人主愈劳，人臣愈佚，是'代大匠斫'。'夫代大匠斫者，希有不伤其手矣。'"

第七十五章

民之饥[1],以其上食税之多[2],是以饥[3];民之难治[4],以其上之有为[5],是以难治;民之轻死[6],以其求生之厚[7],是以轻死。

夫唯无以生为者[8],是贤于贵生[9]。

国计在于民生。厚民生,一治百治。

[注释]

[1]"民之饥",河上公本、傅奕本同,帛书本、汉简本、严遵本、敦煌甲本作"人之饥"。义近。 [2]以其:因他们。上:官吏,执政者。食税:吃税,征收税赋。 [3]是以:因此,所以。 [4]"民之难治",河上公本、傅奕本同,帛书本、汉简本作"百姓之不治也",严遵本作"百姓难治",敦煌甲本作"百姓之难治"。义近。 [5]有为:干涉,控制。 [6]轻死:不怕死,冒死犯法。 [7]求生之厚:贪图生活奢侈。求:索取,贪求。"以其求生",帛书本、河上公本同,汉简本作"以其生",严遵本作

"求生",傅奕本作"以其上求生生",敦煌甲本作"以其生生"。义近。 [8]唯:只有。无以:没有什么。 [9]贤:胜过,优。贵生:重生。

[点评]

这一章的内容,主要是讲述执政者如果占有、干涉和控制,百姓就会反抗,铤而走险。本章大意是:人民饥饿,那是因为在上的执政者征收赋税太多,所以百姓忍饥挨饿;人民难以治理,那是因为在上的执政者胡作非为,所以人民无所适从;人民冒死犯罪,那是因为在上的执政者贪图生活奢侈,不管百姓死活,所以人民铤而走险。只有不贪求生活奢侈的人,他才胜过那些只想着自己生活的人。

不按"道"和"无为"进行统治的人,以天子自居,高高在上,自以为得计,自以为聪明。他们压制人民,控制人民,不顾人民的死活,拼命地收税,拼命地胡作非为,拼命地穷奢极欲,执迷不悟,逃避责任,归咎人民。人民痛不欲生,怨声载道,最终诉诸天道,起而反抗,誓死改变现状。孟子赞成人民革命。《孟子·梁惠王下》记载:"贼仁者谓之'贼',贼义者谓之'残'。残贼之人谓之'一夫'。闻诛一夫纣矣,未闻弑君也。"

儒家和道家传承上古传统,主张统治者要担一切政治责任,不要归罪于人民。《论语·尧曰》记载:"尧曰:'咨,尔舜,天之历数在尔躬,允执其中。四海困穷,天禄永终。'舜亦以命禹,曰:'予小子履,敢用玄牡,敢昭告于皇皇后帝,有罪不敢赦,帝臣不蔽,简在帝心。

朕躬有罪，无以万方；万方有罪，罪在朕躬。'周有大赉，善人是富。'虽有周亲，不如仁人。百姓有过，在予一人。'"《吕氏春秋·顺民》记载："昔者汤克夏而正天下。天大旱，五年不收，汤乃以身祷于桑林，曰：'余一人有罪，无及万夫。万夫有罪，在余一人。无以一人之不敏，使上帝鬼神伤民之命。'于是翦（jiǎn）其发，䥥（mó）其手，以身为牺牲，用祈福于上帝。民乃甚说，雨乃大至。则汤达乎鬼神之化、人事之传也。"

第七十六章

守柔尚和。

人之生也柔弱[1]，其死也坚强[2]；万物草木之生也柔脆[3]，其死也枯槁[4]。故坚强者死之徒[5]，柔弱者生之徒。

是以兵强则不胜[6]，木强则折（兵）[7]。强大处下[8]，柔弱处上[9]。

[注释]

[1]生：生命，活着。柔弱：柔软。 [2]死：死亡，死后。坚强：坚硬，僵硬。 [3]柔脆：柔和。"万物"，帛书甲本、汉简本、河上公本、敦煌甲本同，帛书乙本残损，严遵本、傅奕本无此二字。 [4]枯槁：枯萎。 [5]坚强：刚强。徒：类。 [6]是以：因此，所以。兵：兵器。这里指军队。强：坚硬。 [7]"折"，王弼本作"兵"，帛书甲本作"恒"，帛书乙本作"兢"，汉简本作

"核",今本和敦煌甲本作"共"。李零疑帛书甲本原作"僵",形近讹为"恒"。帛书乙本"兢"是假借字,借为"僵"。(参见李零《我们的经典·人往低处走》,第233页)俞樾认为"共"是"兵"之讹,"兵"是"折"字缺坏。《文子·道原》《列子·黄帝》和《淮南子·原道》作"折":"兵强则灭,木强则折。"(《诸子平议》,第160页)今据改。 [8]处下:居低位。"强大",帛书本、汉简本、河上公本、严遵本同,傅奕本、敦煌甲本作"坚强"。于义皆通。 [9]处上:居高位。

[点评]

这一章主要认为,刚强不如柔弱有力,柔弱比刚强更能生存。本章大意是:人活着,生命充满活力,身体柔软;人死后,失去了生命力,身体就变得僵硬。同样,草木活着的时候,生命散发着活力,机体柔和;草木死去,失去了生命力,机体就枯萎了。所以说,坚强的事物,都属于死亡之类;柔和的事物,都属于生存之类。因此,军队强大了就取得不了胜利,树木强大了就会被折断。强大的只能居下风,柔弱者反而占上风。

生命都有柔和性,要保持生命,就要保持柔和。老子从中引申出一个道理,柔和、温和具有强大的力量,它始终能够处于优势。哲学的真理具有深刻性,但往往也是片面的。老子的"柔弱胜刚强"是一个深刻的片面真理。

第七十七章

公平正义是社会秩序的根本。

天之道，其犹张弓与[1]！高者抑之[2]，下者举之[3]；有余者损之[4]，不足者补之[5]。

天之道，损有余而补不足[6]。人之道则不然，损不足以奉有余[7]。孰能有余以奉天下[8]？唯有道者[9]。

是以圣人为而不恃[10]，功成而不处[11]，其不欲见贤[12]。

[**注释**]

[1]其：它。犹：犹如。张弓：拉弓。与（yú）：语助词，用于句末，表示疑问。　[2]高者：箭头抬得高。抑之：压低它。　[3]下者：箭头压得低。举之：抬高它。　[4]有余者：拉弓弦用力过大。损之：减少拉力。　[5]不足者：拉弓弦用力过小。补之：增加拉

力。 [6]损有余：减少多余的。补不足：弥补不足的。 [7]奉：进献，献给。 [8]以：用。 [9]唯：只有。 [10]不恃：不自恃有劳。"为而不恃"，今本和敦煌甲本同，帛书甲本残损，帛书乙本读"为而弗有"，汉简本作"为而弗有"。于义皆通。 [11]不处：不居，不居功自傲。 [12]不欲：没有欲求。见（xiàn）贤：表现自己的贤才。

[点评]

这一章的内容，一是讲述社会分配应该公平和公正，二是讲述圣人的崇高。本章大意是：上天的法则，犹如人拉弓射箭，箭头抬得高就压低一点，箭头压得低就抬高一点；拉弓弦用力过大就减少拉力，用力过小就加大拉力，这样才能射中目标。天的法则，是减少有余的而弥补不足的；人世间的做法却不是，它却减少不足的去献给有余的。谁能够用有余的去献给天下呢？只有持守道的人才能这样。所以，圣人大有作为而不自恃有劳，大功告成而不自居自傲，他不希望去显示自己的才能。

万物有竞争，也有互助；有参差不齐，也有相对一致；有多少不等，也有相对平衡。社会有分工，生活需合作。各尽其能，各得其得。共谋共赢，共有共享。公平正义，天下吉祥。独占独享，好景不长。

第七十八章

忍耐和忍受,是强大的标志。

天下莫柔弱于水[1],而攻坚强者莫之能胜[2],其无以易之[3]。

弱之胜强,柔之胜刚[4],天下莫不知,莫能行。

是以圣人云[5]:受国之垢[6],是谓社稷主[7];受国不祥[8],是为天下王[9]。正言若反[10]。

[注释]

[1]莫:没有。"莫柔弱于水",河上公本、敦煌甲本作"柔弱莫过于水",帛书甲本残损,其他诸本同王弼本。此章汉简本同下一章连抄。 [2]而:但是。莫之能胜:即"莫能胜之"。胜:超过。"能胜",河上公本同,严遵本、傅奕本、敦煌甲本作"能先",汉简本作"能失",帛书本残缺。于文"能胜""能先"皆通。"能

失"之"失"当是"先"之误抄。 [3]其：因为。无以：没有什么。易之：代替它。 [4]"弱之胜强，柔之胜刚"，诸本顺序有别。"弱"，河上公本、傅奕本、敦煌甲本同，帛书甲本残，帛书乙本、汉简本作"水"。于义皆通，于文"弱"为长。 [5]是以：所以，因此。 [6]垢：耻辱。《左传》宣公十五年说："国君含垢。" [7]是谓：叫做。社稷：土神和谷神。这里指国家。主：君主。 [8]不祥：不吉利，不吉祥。 [9]是为：称作。王：君王。"是为"，其他诸本均作"是谓"。于义皆通，于文当为"是谓"。"王"，傅奕本作"主"，其他诸本作"王"。于义皆通，于文应作"王"。 [10]正言若反：合乎道的正确言论，看上去就像是相反的不正确的东西。

[点评]

　　这一章的内容，一是讲述柔弱的东西有力量；二是讲述能够承受巨大压力的人，才能成为一国的君王。本章大意是：天下的事物没有比水更柔弱的了，但是，用它去攻克坚强的东西，没有什么能超过它的。这是因为没有什么能够代替它。弱能胜过强，柔能胜过刚，天下的人没有不知，但很难有人去实行。所以，圣人说：谁能够忍受国家遭受的耻辱，他才能称得上是一国的君主；谁能够承担国家的大难，他才能称得上是一国之君王。合乎道的正言，看上去就像是相反的不正确的话。

　　在水中看到柔和，在柔和中看到力量，在力量中看到善果。常识以刚强为有力量，崇尚强硬、阳刚、刚烈、刚直，以刚对刚，以硬对硬。但遇到了柔和、柔弱，它就无力可使，无刚可用。

　　治国不易，好的执政者被国人理解也不容易。《论语·泰伯》记载孔子的话说:"民可使由之,不可使知之。""不可"不是"不让""不允许",而是"没有办法"。《史记·滑稽列传》记载西门豹治邺时说的话:"民可以乐成,不可与虑始。"得不到理解,就会受到批评、诟病。但善政势在必行,能够忍辱负重的人,就能不计自己一时之得失,谋人民长远之利益,果断行之。

第七十九章

和大怨[1]，必有余怨[2]，安可以为善[3]？

是以圣人执左契[4]，而不责于人[5]。有德司契[6]，无德司彻[7]。

天道无亲[8]，常与善人[9]。

和为贵。

"泛爱万物，天地一体。"

[注释]

[1] 和：调和，化解。大怨：大的怨恨。 [2] 余怨：不能化解完。 [3] 安：此处作疑问副词，意思是怎么、哪里。为：是。 [4] 是以：所以，因此。执：掌握。左契：契约左半，债权人所掌。契：古代当事人刻木立契约，一分两半，各执一半。"左契"，帛书甲本读"右契"，帛书乙本读"左契"，其他诸本作"左契"。当作"左契"。 [5] 而：但是。责：催讨。 [6] 司契：掌握契约。这里指施与而不求回报。 [7] 司彻：掌管赋税。这里指催讨税赋。彻：周代的十取一之税制。 [8] 无亲：无私心，

公正。 [9]与：助，帮助。

[点评]

　　这一章的内容，一是讲述不要结下怨恨，二是讲述圣人厚待人，三是讲述天道无私心。本章大意是：即使想去化解大的怨恨，但也难以化尽，这怎么可以说就是善呢？所以，圣人只是掌握着要债的左契，却不向人催讨。有德的人就是这样，他只施与而不求回报。相反，无德的人不停催讨税赋。天道公正无私，常常帮助那些善良的人。

　　人事有矛盾。矛盾之大之深者，是大仇、大恨、大怨，难以调和，难以化解，乃至世代相延，冤冤相报，没有尽期。即使大怨调和了，还会有余怨。老子的言外之意是，人最好不要结恨结怨。俗话说：冤家宜解不宜结。

　　统治者有责任让百姓富足，让百姓安全，让百姓过上好生活。他要像天道那样，没有偏心、偏私，是非分明，赏善罚恶。

第八十章

小国寡民。使有什伯之器而不用[1]，使民重死而不远徙[2]。虽有舟舆，无所乘之[3]；虽有甲兵[4]，无所陈之[5]；使人复结绳而用之[6]。

甘其食，美其服，安其居，乐其俗[7]。邻国相望，鸡犬之声相闻，民至老死不相往来。

人需要安慰。

幸福的生活不复杂。

[注释]

[1]什伯：即"十百"，指数量大。《孟子·滕文公上》说："夫物之不齐，物之情也。或相倍蓰，或相什百，或相千万。"器：指各种器物，非单指兵器。下文所列"舟舆"和"甲兵"两项，正好可以印证。"什伯"，今本、敦煌甲本同，帛书本作"十百"，汉简本作"什佰"。"什伯"即"十百"。 [2]重死：重视生命，避死。 [3]无所：没有用得上的地方。 [4]甲兵：铠甲和兵

器。这里指军队。 [5]陈(zhèn):军队作战时的战斗行列。后作"阵"。这里指"列阵"。 [6]复:再。结绳:上古文字产生前,人们用结绳来记数记事,传递信息。传说大事打大结,小事打小结。《周易·系辞下》说:"上古结绳而治,后世圣人易之以书契。""人",严遵本同,帛书甲本残,其他诸本作"民"。于义作"人"、作"民"皆通,于文应作"民"。 [7]这几句话,其中"乐其俗",在帛书本、汉简本、严遵本中属第三句。"安其居,乐其俗",傅奕本作"安其俗,乐其业",而且在"甘其食"前有"至治之极,民各"六字。

[点评]

这一章,设想了一个理想的小型国家的社会生活。本章大意是:理想的国家是小型国家,人口稀少。它使众多的器物都用不上,让人民重视生命而不冒险往远方迁徙。虽然造有舟舆,没有什么地方可去,无须乘用;虽然建立了军队,没有打仗的需要,也不用列阵以待。要使人民交流简单,再用结绳来记事;要让人民深感满足,使他们饮食津津有味,穿戴大方美观,居住安逸舒适,快乐融入世俗。相邻的小国可以相互张望而不兴叹,鸡鸣犬吠之声可以互相听闻而习以为常。人民从生到终年老死都不往来,相安无事。

老子"小国寡民"的社会生活设想,减少工具的使用,国家相安无事,和平安全,人民生活简单,快乐幸福。受老子的影响,庄子设想了更原始性的"至德之世":"彼民有常性,织而衣,耕而食,是谓同德。一而不党,命曰天放。故至德之世,其行填填,其视颠颠。当是时也,山无蹊隧，泽无舟梁；万物群生，连属其乡；禽兽成群，草木遂长。是故禽兽可系羁而游，鸟鹊之巢可攀援而窥。夫至德之世，同与禽兽居，族与万物并。恶乎知君子小人哉！同乎无知，其德不离；同乎无欲，是谓素朴。素朴而民性得矣。"(《庄子·马蹄》)

  远古简单的社会，有它的美妙之处。但历史无法走回头路，无法将已有的文明一笔勾销。社会从哪里退化，就要从哪里改变。事物返回自身也好，复归自身也好，它只能在新的时间历程中，去重建一个更高的自己，而不是去简单重复一个过去的自己。老子的复归世界观，看上去是使事物回到自身，回到它的过去，实际上是改变它的当下，向它的未来展开。

第八十一章

大道纯真,大德朴实。

信言不美[1],美言不信[2];善者不辩,辩者不善[3];知者不博[4],博者不知[5]。

圣人不积[6],既以为人[7],己愈有;既以与人[8],己愈多。

天之道,利而不害;圣人之道,为而不争[9]。

[注释]

[1]信言:真实可信之言。不美:不动听。 [2]美言:花言巧语。不信:不可听信。 [3]善者:善良的人。不辩:不为自己辩解、辩护。"善者不辩,辩者不善",帛书甲本残损,傅奕本作"善言不辩,辩言不善",帛书乙本作"善者不多,多者不善",其他诸本同王弼本。在帛书乙本、汉简本、敦煌甲本中,这句话属于这一段话中的第三句。 [4]知者:有真知的人。博:广博,博学

多识。"知",汉简本作"智",帛书甲本残损,其他诸本同王弼本。 [5] 不知:没有真知的人。 [6] 不积:不积累,不积聚。"不积",帛书甲本残;帛书乙本、傅奕本、敦煌甲本作"无积";汉简本作"无责",读"无积"。于义均通。 [7] 既以:既然因为。为(wèi)人:助人,佑人。《诗·大雅·凫鹥》说:"福禄来为。" [8] 与人:施与人,给予人。 [9] "圣人",今本、敦煌甲本同;帛书甲本残;帛书乙本、汉简本作"人",脱"圣"字。

[点评]

这一章一是讲述什么是可信之言,什么是善良的人和有智慧的人;二是讲述天道和圣人的博施和崇高。本章大意是:真实可信的话,不动听;动听的话,不可听信。善良的人,他不愿为自己辩解;喜欢为自己辩解的人,不是善良的人。真知的人求一贯之道,不求博学多识;博学多识的人,不求融会贯通,没有真知。圣人从不积聚财物,于是,他就不断帮助别人,他自己因此更加富足;他不断施与人,他自己也因此更加充足。天的法则是广利万物而不伤害任何东西,圣人的高德是帮助一切从不去争夺占有。

言而有信,诺而有行,言少而实,诺寡而真。言而无信,诺而不行,花言巧语,弥天大谎。人喜欢听好听的,人容易被引诱,因此,大骗小骗,大行其道。《庄子·人间世》说:"凡交近则必相靡以信,远则必忠之以言。言必或传。夫传两喜两怒之言,天下之难者也。夫两喜必多溢美之言,两怒必多溢恶之言。凡溢之类妄,妄则其信之也莫,莫则传言者殃。故法言曰:'传其常情,无传其溢言,则几乎全。'……言者,风波也;行者,实丧也。夫风波易以动,实丧易以危。"

人难免有错,也容易文过饰非。贵在勇于承担责任,知错认错,知错而改,不作辩解。《庄子·德充符》说:"自状其过,以不当亡者众;不状其过,以不当存者寡。"

自私的人,只考虑自己,不考虑别人;只求自己的利益,不管别的人利益。这样的人,终将被人遗弃,成为孤家寡人。明智的人,胸怀宽大,与人为善,成己成人。这是老子的道,也是孔子的仁。《论语·雍也》记载:"子贡曰:'如有博施于民而能济众,何如?可谓仁乎?'子曰:'何事于仁,必也圣乎!尧舜其犹病诸!夫仁者,已欲立而立人,已欲达而达人。能近取譬,可谓仁之方也已。'"

附 录

一、《史记·老子列传》

老子者,楚苦县厉乡曲仁里人也,姓李氏,名耳,字聃,周守藏室之史也。

孔子适周,将问礼于老子。老子曰:"子所言者,其人与骨皆已朽矣,独其言在耳。且君子得其时则驾,不得其时则蓬累而行。吾闻之,良贾深藏若虚,君子盛德容貌若愚。去子之骄气与多欲,态色与淫志,是皆无益于子之身。吾所以告子,若是而已。"孔子去,谓弟子曰:"鸟,吾知其能飞;鱼,吾知其能游;兽,吾知其能走。走者可以为罔,游者可以为纶,飞者可以为矰。至于龙,吾不能知其乘风云而上天。吾今日见老子,其犹龙邪!"

老子修道德,其学以自隐无名为务。居周久之,见周之衰,乃遂去。

至关，关令尹喜曰："子将隐矣，强为我著书。"于是老子乃著书上下篇，言道德之意五千余言而去，莫知其所终。

或曰：老莱子亦楚人也，著书十五篇，言道家之用，与孔子同时云。

盖老子百有六十余岁，或言二百余岁，以其修道而养寿也。自孔子死之后百二十九年，而史记周太史儋见秦献公曰："始秦与周合，合五百岁而离，离七十岁而霸王者出焉。"或曰儋即老子，或曰非也，世莫知其然否。老子，隐君子也。

老子之子名宗，宗为魏将，封于段干。宗子注，注子宫，宫玄孙假，假仕于汉孝文帝。而假之子解为胶西王卬太傅，因家于齐焉。

世之学老子者则绌儒学，儒学亦绌老子。"道不同不相为谋"，岂谓是邪？李耳无为自化，清静自正。

二、《老子铭》

老子姓李，字伯阳，楚相县人也。春秋之后，周分为二，称东西君。晋六卿专征，与齐、楚并僭号为王。以大并小，相县虚荒。今属苦，故城犹在。在赖乡之东，涡水处其阳。其土地郁塇高敞，宜生有德君子焉。

老子为周守臧室史。当幽王时，三川实震，以夏、殷之季，阴阳之事，鉴喻时王。孔子以周灵王二十年生，到景王十年，年十有七，学礼于老聃。计其年纪，聃时已二百余岁。聃然老旄之貌也。孔子卒后百二十九年，或谓周太史儋为老子，莫知其所终。其二篇之书称："天地所以能长且久者，以不自生也。"厥初生民，遗体相续，其死生之义，可知也。或有"浴神不死，是谓玄牝"之言。由是世之好道者，触类而长之。以老子离合于混沌之气，与三光为终始，观天作谶，（升）降斗星，随日九变，与时消息，规矩三光。四灵在旁，存想丹田，太一紫房。道成身化，蝉蜕渡世。自羲农以来，（世）为圣者作师。

班固以老子绝圣弃知，礼为乱首，与仲尼道违。述《汉书·古今人表》，检以法度，抑而下之，老子与楚子而同科，才不及孙卿、孟轲。二者之论殊矣，所谓道不同不相为谋也。

延熹八年八月甲子，皇上尚德弘道，含闳光大，存神养性，意在凌云。是以潜心黄轩，同符高宗，梦见老子，尊而祀之。于时陈相边韶，典国之礼，材薄思浅，不能测度至人，辩是与非。案据书籍，以为老子生于周之末世，玄虚守静，乐无名，守不德，危高官，安下位，遗孔子以仁言，辟世而隐居，变易姓名，唯恐见知。

夫日以幽明为节，月以亏盈自成，损益盛衰之原，倚伏祸福之门，天道恶盈而好谦。盖老子劳不定国，功不加民，所以见隆崇于今，为时人所享祀，乃昔日逃禄处微，损之又损之余胙也。显虚无之清寂，云先天地而生，乃守真养寿，获五福之所致也。敢演而铭之。其辞曰：

于惟（玄）德，抱虚守清，乐居下位，禄执弗营。为绳能直，屈之可萦。三川之对，舒愤散逞。阴不填阳，孰能滞并？见机而作，需郊出坰。肥遁之吉，辟世隐声。见迫遗言，道德之经。讥时微喻，寻显推冥。守一不失，为天下正。处厚不薄，居实舍荣。稽式为重，金玉是轻。绝嗜去欲，还归于婴。皓然历载，莫知其情。颇达法言，先民之和。要以无为，大（化）用成。进退无恒，错综其贞。以知为愚，冲而不盈。大人之度，非凡所订。九等之叙，何足累名。同光日月，合之（五）星。出入丹庐，上下黄庭。背弃流俗，舍景匿形。苞元神化，呼吸至精。世不能原，卬其永生。天人秩祭，以昭厥灵。羡彼延期，勒石是旌。

主要参考文献

老子古本考　劳健著　手稿影印本1941年版
诸子平议　（清）俞樾著　中华书局1954年版
老子校诂　马叙伦著　古籍出版社1956年版
老子正诂　高亨著　古籍出版社1956年版
老子校释　朱谦之撰　中华书局1984年版
老子道德经考异　（清）毕沅辑　中华书局1985年版
帛书老子注译与研究　许抗生著　浙江人民出版社1985年版
老子释义　卢育三著　天津古籍出版社1987年版
老子校诂　蒋锡昌著　上海书店1989年版
老子道德经河上公章句　王卡点校　中华书局1993年版
老子指归　（汉）严遵著　王德有点校　中华书局1994年版
帛书老子校注　高明撰　中华书局1996年版
郭店楚墓竹简　荆门市博物馆编著　文物出版社1998年版

老子注译及评介　陈鼓应著　商务印书馆 2003 年版
老子　李存山注译　中州古籍出版社 2004 年版
郭店楚简校释　刘钊著　福建人民出版社 2005 年版
老子绎读　任继愈著　国家图书馆出版社 2006 年版
马王堆出土文献译注丛书·老子　〔日〕池田知久著　东方书店 2006 年版
老子　饶尚宽译注　中华书局 2006 年版
敦煌本《老子》研究　朱大星著　中华书局 2007 年版
老子译注　辛战军译注　中华书局 2008 年版
老子的智慧　林语堂著　群言出版社 2010 年版
老子道德经注　（魏）王弼注　楼宇烈校释　中华书局 2011 年版
北京大学藏西汉竹书〔贰〕　韩巍整理　上海古籍出版社 2012 年版
我们的经典·人往低处走　李零著　生活·读书·新知三联书店 2014 年版

《中华传统文化百部经典》已出版图书

书　名	解读人	出版时间
周易	余敦康	2017 年 9 月
尚书	钱宗武	2017 年 9 月
诗经（节选）	李　山	2017 年 9 月
论语	钱　逊	2017 年 9 月
孟子	梁　涛	2017 年 9 月
老子	王中江	2017 年 9 月
庄子	陈鼓应	2017 年 9 月
管子（节选）	孙中原	2017 年 9 月
孙子兵法	黄朴民	2017 年 9 月
史记（节选）	张大可	2017 年 9 月
传习录	吴　震	2018 年 11 月
墨子（节选）	姜宝昌	2018 年 12 月
韩非子（节选）	张　觉	2018 年 12 月
左传（节选）	郭　丹	2018 年 12 月
吕氏春秋（节选）	张双棣	2018 年 12 月
荀子（节选）	廖名春	2019 年 6 月
楚辞	赵逵夫	2019 年 6 月
论衡（节选）	邵毅平	2019 年 6 月
史通（节选）	王嘉川	2019 年 6 月
贞观政要	谢保成	2019 年 6 月
战国策（节选）	何　晋	2019 年 12 月
黄帝内经（节选）	柳长华	2019 年 12 月
春秋繁露（节选）	周桂钿	2019 年 12 月
九章算术	郭书春	2019 年 12 月
齐民要术（节选）	惠富平	2019 年 12 月
杜甫集（节选）	张忠纲	2019 年 12 月
韩愈集（节选）	孙昌武	2019 年 12 月
王安石集（节选）	刘成国	2019 年 12 月
西厢记	张燕瑾	2019 年 12 月

书　　名	解读人	出版时间
聊斋志异（节选）	马瑞芳	2019 年 12 月
礼记（节选）	郭齐勇	2020 年 12 月
国语（节选）	沈长云	2020 年 12 月
抱朴子（节选）	张松辉	2020 年 12 月
陶渊明集	袁行霈	2020 年 12 月
坛经	洪修平	2020 年 12 月
李白集（节选）	郁贤皓	2020 年 12 月
柳宗元集（节选）	尹占华	2020 年 12 月
辛弃疾集（节选）	王兆鹏	2020 年 12 月
本草纲目（节选）	张瑞贤	2020 年 12 月
曲律	叶长海	2020 年 12 月
孝经	汪受宽	2021 年 6 月
淮南子（节选）	陈　静	2021 年 6 月
太平经（节选）	罗　炽	2021 年 6 月
曹操集	刘运好	2021 年 6 月
世说新语（节选）	王能宪	2021 年 6 月
欧阳修集（节选）	洪本健	2021 年 6 月
梦溪笔谈（节选）	张富祥	2021 年 6 月
牡丹亭	周育德	2021 年 6 月
日知录（节选）	黄　珅	2021 年 6 月
儒林外史（节选）	李汉秋	2021 年 6 月
商君书	蒋重跃	2022 年 6 月
新书	方向东	2022 年 6 月
伤寒论	刘力红	2022 年 6 月
水经注（节选）	李晓杰	2022 年 6 月
王维集（节选）	陈铁民	2022 年 6 月
元好问集（节选）	狄宝心	2022 年 6 月
赵氏孤儿	董上德	2022 年 6 月
王祯农书（节选）	孙显斌	2022 年 6 月
三国演义（节选）	关四平	2022 年 6 月
文史通义（节选）	陈其泰	2022 年 6 月

书　　名	解读人	出版时间
汉书（节选）	许殿才	2022年12月
周易略例	王锦民	2022年12月
后汉书（节选）	王承略	2022年12月
通典（节选）	杜文玉	2022年12月
资治通鉴（节选）	张国刚	2022年12月
张载集（节选）	林乐昌	2022年12月
苏轼集（节选）	周裕锴	2022年12月
陆游集（节选）	欧明俊	2022年12月
徐霞客游记（节选）	赵伯陶	2022年12月
桃花扇	谢雍君	2022年12月
法言	韩敬、梁涛	2023年12月
颜氏家训	杨世文	2023年12月
大唐西域记（节选）	王邦维	2023年12月
法书要录（节选） 历代名画记	祝　帅	2023年12月
耶律楚材集（节选）	刘　晓	2023年12月
水浒传（节选）	黄　霖	2023年12月
西游记（节选）	刘勇强	2023年12月
乐律全书（节选）	李　玫	2023年12月
读通鉴论（节选）	向燕南	2023年12月
孟子字义疏证	徐道彬	2023年12月
嵇康集	崔富章	2024年12月
白居易集（节选）	陈才智	2024年12月
李清照集（节选）	诸葛忆兵	2024年12月
近思录	查洪德	2024年12月
林则徐集	杨国桢	2024年12月